周易孟氏學

杭縣沈祖緜撰
章氏國學講習會印行

《周易孟氏學》《周易孟氏學遺補》《孟氏易傳授考》合刊

周易孟氏學三卷

孟氏易傳授考一卷

孫世揚敬署

易學經典文庫

2

周易孟氏學序

易自商瞿以來其傳授尚矣漢初言易者蓋本之杜田生其後施孟梁邱諸家朋與永嘉之

亂施梁之易遂空而孟氏亦無傳者陵夷既久僅有單辭隻義散見它籍學者苦不能具覩

理惠棟張惠言有作始攷孟氏遺說為之理董而馬國翰用力特勤獨成孟氏章句三卷視

他家為尤詳至於抉擇是正猶有未暇吾友沈君瓞民世業韋編及君匪懈益勤輒攬眾家

之說定其舛譌為周易孟氏學三卷周易孟氏學補遺一卷孟氏學傳授攷一卷繁稱博引

茂於前修研覈同異辨及累黍數厥懿美故非一耑坤之龍戰於野豐之闚其无人前人不

能紬其義今咸疏通證明更無遺蘊此一事也天一地二節敷析象數條決分明非精於天

人之際不能屬辭此二事也虞氏逸象自為家法為駭為羔不可以補孟氏虞注具言

某舊作某其顯證也輯家不了悉入孟氏易中未為善別源流今書並加刊落信得體要此

三事也它如辨商瞿傳易六世至田何以光羽孫虞為兩人論虞翻納甲出於參同契即明

潮汐之理皆能卓然利解又不獨以稱引繁博勝矣非學有本原其能如是乎說文司部詞

者意內而言外也。此書偶是其小失。然牛毛之釁。何足病也維喬既受讀其書美其言必有宗理無旁舉實後學之津梁豈第孟氏之功臣已哉聞君別有周易馬氏傳輯證三卷它日並以問世不獨費氏家法延於一綫而漢易之晦得以昭然復明。故爲敍其梗概云爾

民國二十五年孟冬愚弟蔣維喬序於因是齋

周易孟氏學自序

淮南子曰闚其無人。非無庶衆也言無人以統理之也無人之難以治經而論未

有如易者也。今之言易求其訓釋愜於心者。實不獲見也治漢學則昧於家法言孟喜則雜

以施梁丘京房言他家者亦然鎔冶一鑪自爲鴻博。不知施孟梁丘京房各有章句雖屢經

世變學漸式微。然故書雅言猶得窺其一二淆亂言之差若毫釐謬便千里以此治易皆皮

傅爾漢志謂劉子政以中古文校三家易脫无咎悔亡而已蓋易未經秦火今古相同惟章

句有別。孟氏之學出於田王孫更得易家候陰陽災異書其學純正故許氏偁之迨孟易荒

失存其說者猶賴說文或謂許氏所偁係費氏非孟氏漢紀謂費氏係魯古文荀氏家世治

易言必有徵今致戮紬繹審其家法。知其所偁非費氏也祖縣少奉庭訓雅好是學不揣固

陋撰周易孟氏學三卷補遺一卷孟氏易傳授致一卷輯校羣籍鈎其放失前賢之論擇善

而從說有不當更抒己意且虞氏五世孟學乃引虞證孟判其同異。參伍以驗亦有所是正。

其他碎文殘字義不可求蓋闕如也若夫聞見之未周慮思之未盡世有達者進而教之民

國二十五年十月沈祖緜序

周易孟氏學卷上

杭縣沈祖緜民撰

乾

利見大人

孟說禮記曲禮下。君天下曰天子。正義引許慎五經異義。天子有爵不易。孟京說。易有周
人五號。帝天稱一也。王美稱二也。天子爵號三也。大君者。與盛行異四也。大人者。聖人德
備。五也。是天子有爵。古周禮說天子無爵。同號於天。何爵之有。（許按鄭引駁不引。）
虞翻注九二見龍在田利見大人佚集解引九五飛龍在天。利見大人（注謂四已變則五）
體離離爲飛五在天。故飛龍在天。利見大人也謂若庖犧觀象於天造作八卦備物致用。
以利天下。故曰飛龍在天。天下之所利見也。又見龍在田利見大人君德也注陽始觸陰。
當升五爲君時舍於二。（龍在田時舍也文言傳見）宜利天下直方而大德无不利明言君德地數
始二。（六八十也始于二地二地數二四）故稱易曰。
祖緜按孟京說出乾鑿度孔子曰易有君人五號也。（按異義作周人君是也帝者天稱也王者美行）
也。（行按異義作盛譬通也）天子者爵號也大君者與上行異也。（上按異義作盛譬通也）大人者聖明德備

《周易孟氏學》《周易孟氏學遺補》《孟氏易傳授考》合刊

也。

按聖明。異義作聖人。論語季氏畏大人。集解何晏集解。大人者。即注引乾鑿度曰。聖明德備曰大人也。是古人亦有作聖人者。此句下乾鑿度曰。王分天子大君大人各有釋惟帝無之。似非完本矣。（中略）大人者聖人之在位者

也。夫大人者與天地合其德。易曰見龍在田利見大人。又曰飛龍在天利見大人言德化施行天地之和。故曰大人。此孟氏五號之說襲乾鑿度之說也。虞氏見龍在田利見大人君德也。注其立說究宗孟氏否不可深攷至易曰二字豈有象可象乃虞氏云地數始二。故稱易曰則過拘于象矣。且虞氏喜以旁通釋易凡易爻皆一爻一之變。未言爻爻遞變旁通言兩卦反對之理非言爻也。九家易亦以乾爲大人。如革之大人虎變。

及繫辭下以通神明之德集解所引是也。

夕惕若厲

說文絞易俻孟氏凡說文引易皆孟氏家法也。說文惕。（四篇下）骨閒黃汁也。從骨易聲。讀若易曰夕惕若厲。（七篇上）又說文夤。敬惕也。從夕寅聲易曰夕惕若厲。

集解引虞翻注謂陽息三二變離。離爲日坤爲夕。

祖縣按惠士奇易說作夕惕若厲无咎說文网舉夕惕若厲孟氏章句如此。虞注亦

未言夤在說文惕當讀若厲夤敬惕也。是明明以惕字釋夤字也。

忼龍有悔

說文忼。（忄亢）

虞翻注佚。

从心亢聲忼慨壯士不得志於心也一曰易忼龍有悔。

祖緜按說文一曰易亢即或之者之意也可證作忼猶有疑問段注一曰易亢

字乃易亡二字之誤淺人所改也近乎武斷陳瑑說文孜證疑是讀若亢龍有悔之誤。

其說近是因說文屢出讀若易之某。如楡（木部·六篇·上）。讀若易卦屯之屯。如愊（巾部·七篇·下）。讀若

易屯卦之屯是也申鑒俗嫌篇陽極則亢陰結則凝亢則有悔凝則有凶釋乾坤二卦

至矣亦作亢此其證。

時乘六龍已馭天

袁鈞輯駁五經異義易孟京。春秋公羊說天子駕六。（毛詩三之二·千旄疏·公羊·隱）。引易經云。時乘六龍以馭

天也。（公羊元年疏·一·隱）。毛詩說天子至大夫同駕四士駕二（詩四驖彭彭武王所乘龍旂承祀）（毛詩三之二·千旄疏·尚書七·五子之歌疏·許慎）

六轡耳耳魯僖所乘四牡騑騑周道倭遲大夫所乘。（毛詩三之二·千旄疏·公羊·隱·許慎）

謹案禮王度記天子駕六諸侯與卿同駕四大夫駕三士駕二庶人駕一說與易春秋同。（同上）

鄭玄駁曰周禮校人掌王馬之政凡頒良馬而養乘之乘馬一師四圉四馬爲乘此一（同上）

圉者。養一馬而一師監之也。尙書顧命諸侯入應門皆布乘黃朱。言獻四黃馬朱鬣也。旣

實周天子駕六校人則何不以馬與圉以六爲數顧命諸侯何以不獻六馬易經時乘六

龍者謂陰陽上下耳豈故爲禮制王度記云今天子駕六者自是漢法與古異大夫駕三

者於經無以言之。

虞翻注佚。

祖緜按天子駕六。許氏以孟京易。卽時乘六龍以馭天下。[按公羊傳疏原文作係今文 天下·袁鈞節去之]

學家之曲說孟欲爲博士其說多附會經術以媚上此其一也鄭玄謂時乘六龍者謂

陰陽上下耳實爲不祧之論惠棟周易述[乾彖·卷八]引鄭駁申其義曰是鄭以時乘六龍爲

六爻乘時上下非乘六龍也惠氏申以六爻乘時上下二句義訓昭然是惠疏中之最

善者也惠又引班固幽通賦蔡邕獨斷以釋之反不足申其義矣

利者義之和也

說文[四篇下·刀部]·利銛也刀和然後利易曰利者義之和也

虞翻注佚。

利物足目和義

釋文孟京荀陸本作利之。

虞翻注佚。

坤

說文坤。下十三。土部篇。地也易之卦也從土申。土位在申也。

祖緜按孟氏以土位在申也。已以四維八干十二支言易位矣。（按坤宮土位在未申。與其血）

玄黃干寶注。坤位未申之維。（按維即四維之維。即淮南子天文篇。未申之間。故干氏云坤位西南為背陽之維。即坤位也。坤在未申之間。故干氏云坤位西）

而氣溢酉戌之間。其說同。（按酉戌。西方金氣也。申屬之未申之維。）

龍戰於野

說文壬。十四部篇。位北方也。陰極生陽。故易曰龍戰于野戰者。接也。象人裹妊之形。承亥壬。

以子生之敍也。與巫同意。壬承辛象人脛。脛任體也。

集解坤元亨利牝馬之貞引虞翻注曰謂陰極陽生乾流坤形坤含光大凝乾之元終於

坤亥出乾初。子品物咸亨故元亨也。坤為牝震為馬初動得正。（按乾初爻交坤初爻。坤初爻變。故曰而成震也。坤卦初爻震也。）

祖緜按以虞注證孟說陰極陽生與說文陰極生陽合此孟氏家法也。餘則不合孟氏（勳震之正位在初爻。故煥云初爻得正也。凡易卦之正位在初爻。是卦爻。不能以初爻釋卦也。）

《周易孟氏學》《周易孟氏學遺補》《孟氏易傳授考》合刊

以壬承亥。又以壬以子生之繇。又以壬承辛。皆以四維八干十二支釋所謂壬承亥。又

壬以子生之繇。是干承子而言也。壬承辛是干承子而言也。虞氏謂終于坤亥。出乾初

子以十二月辟卦解終于坤亥者。十月亥辟卦為坤。亥為支之終故也。出乾初子者坤

初六變為復。十一月建子辟卦為復為子支之初。故曰初子。坤復乾體。故曰出乾是以

辟卦釋也。與參同契黃鍾建子歸於坤元義同。釋文易字引虞翻注參同契字從日下

月。故虞義辟卦納甲。皆宗參同契也。雖孟氏亦主卦氣辟卦為卦氣中之一事虞氏以

辟卦釋容何傷。不知正文言坤之卦辭而注涉坤之初六爻辭乾。乾為馬則坤為牝馬虞

氏以震為馬。卦無坤象。欲自圓其說以震為馬由初動得正而來。卦與爻混而為一矣。

臣弒其君

說文弒。（三篇下、殺部）臣殺君也。易曰臣弒其君。從殺省式聲。

集解引虞翻注坤消至二。艮子弒父至三成否坤臣弒君上下不交天下无邦。故子弒父。

臣弒君也。

臣弒君

臣弒君也。

祖緜按弒孟虞均作弒。今文作試。漢博士之說也。史記太史公自繇引易曰臣弒君子

弒父。非一朝一夕之故也亦作弒。太史公受易於楊何。是楊氏亦作弒也。

屯

屯剛柔始交而難生

說文屯［中一篇・下］。難也屯象艸木之始生屯然而難。從屮貫一。屈曲之也。一地也易曰屯剛

柔始交而難生。

集解引虞翻注乾剛坤柔坎二交初。故始交確然難拔。故難生也。

祖緣按。說文釋屯字虞氏以坎二交初。故初交以屯為坎宮二世。說立說惟孟氏全文未見虞氏宮世之說是否孟氏家法雖不可考然許氏孟京並俛漢書藝文志易傳亦孟京並俛則京氏宮世之說孟亦相同爾至虞氏乾剛坤柔之說。出雜卦此四字卦卦可以依附爻爻可以爻通立說之不嚴也甚也後人申虞義者咸以游移兩可之說出之謂乾交坤故謂之交凡卦之爻皆交也以虞注互證孟氏其說未能符

合。

乘馬班如

說文驙［馬十部・上］。駗驙也。从馬亶聲易曰乘馬驙如。

集解乘馬班如引虞翻注曰屯邅［遄按字即槃・說文無］・槃桓謂初也。震為馬作足二乘初。故乘馬班

躓也。馬不進。故班如矣。

祖緜按躓虞作班與通行本同。惟虞注屯遭下又云班躓及故班如矣似虞氏以遭釋屯而爻仍作班也。班說文分瑞玉。从玨从刀左傳襄十八年有班馬之聲齊師其遁呂氏春秋仲夏紀班馬正。淮南子時則篇同。班亦作般釋文易屯乘馬班如鄭作般又書分器序班宗彝釋文班本作般。或爲辨儀禮士虞禮明日以其班祔注古文班或爲辨是也。

匪寇婚媾

說文媾。下·十二篇·女部·重婚也从女冓聲易曰匪寇婚媾。集解引虞翻注云匪非也寇謂五坎爲寇盜應在坎故匪寇。祖緜按虞氏注媾字未釋不能與孟氏互證同異屯求婚媾釋文引馬融注媾重婚國語晉語今將婚媾以從秦韋昭注重婚曰媾左傳隱十一年如舊婚媾又昭二十五年爲父子兄弟姑姊甥舅昏媾姻亞注皆云重昏曰媾與說文同。

泣涕漣如

說文漣。心部·十篇·下·泣下也从心連聲易曰泣涕漣如釋文作漣說文云泣下也。

虞翻注佚集解象曰泣血漣如何可長也引虞翻注謂三變時離為目坎為血震為出血

流出目故泣血漣如柔乘於剛故不可長也

祖縣按易泣血漣如說文血作㳿段引詩雨無正傳曰無聲曰泣無聲

如血出九家易體坎為血伏離為目互艮為手掩目流血泣之象也是爻柔居於上又

無九三之可求故同為乘馬而獨云泣血也二之班如比初也四之班如比五也六之

班如亦比五也陰陽聯班之象也但六二比初已有乘剛之難然尚有九五後來援應

至上六比五但有乘剛之難而終無所遇故悲傷特甚論象坎水之陰為血自初至五

象離目陰水出目外象泣則宜從易血為㙯漣說文作㙯釋文引說文作漣一按說文十篇上漣

瀾或從連同瀾集解引虞翻注亦作漣惠棟九經古義謂漣本波瀾之字詩漸漸之石箋涉入

水之波漣矣釋文一本作瀾詩伐木河水清且漣猗爾雅釋水注作河水清且瀾漪是

其證。

蒙

再三瀆

說文瀆。黑部・十篇・上。握持垢也。从臾賣聲易曰再三瀆。

虞翻注佚。

祖緜按今本作瀆。集解引崔憬注瀆。古瀆字也。釋文論語雍也。何晏集解瀆今作黷易無。今古文之別說文易僞孟氏者。疑施梁丘京三氏經文或有改竄孟氏尚無此病爾。

證以瀆字。知孟氏亦用今文矣。集解繫辭下下交不瀆引虞翻注云四失位詔瀆又云。

下謂交三坎爲瀆。故下交不瀆是虞作瀆不作黷也。

以往吝。

說文吝。口部。二篇。上。恨惜也。从口文聲易曰以往吝。又說文遴。走部。二篇。下。行難也。易曰以往遴。

集解引虞翻注之應歷險。故以往吝吝小疵也。

祖緜按說文吝遴兩出虞注作吝釋文於說卦爲吝下京作遴豈與孟氏同歟漢書高

惠高后文功臣表注晉灼引許愼云遴難行也是其證說文作行難晉灼引作難行難

行行難義得兩通。

需

雲上于天需

說文需。十一篇。下。雨部。𩓣也。遇雨不進止𩓣也。从雨而。易雲上于天需。

虞翻注佚。

祖緜按說文塱十篇下。立而待也。注按依韻會補。段立而兩字。

需不進也。與遇雨不進止合。

象曰需須也。塱卽須之叚借雜卦曰。

需于沙。

趙振芳易原孟喜本沙下有衍字。

祖緜按。孟說諸本未引趙氏不知據何書。

訟

食舊德

毛詩十六之一文王之什。凡周之世。不顯與世疏。諸侯之嗣也。疏同。禮記十一王制。外引異義。卿得世又公羊穀梁說。卿大夫世則權幷一姓。妨塞賢路。專政犯君。故經譏尹氏齊氏。字衍。氏崔氏也。左氏說卿大夫得世祿不得世位。父爲大夫死子得食其故采而有賢才。則得升父故位。故傳曰官有世功則有官族謹案易爻位三爲三公二爲卿大夫曰食舊德食舊德謂食父故祿也。

集解引虞翻注乾爲舊德食爲初四二已變之正三動得位體噬嗑食四變食乾故食舊

德。

祖緜按乾鑿度曰。初爲元士二爲大夫三爲三公四爲諸侯五爲天子上爲宗廟凡此

六者陰陽所以進退。君臣所以升降萬人改按應作民。所以爲象則也異義三爲三公

二爲卿大夫按王制疏無此句。本乾鑿度許引是乾鑿度說旣不可攷以乾利見大人條證

之係引乾鑿度。此亦引乾鑿度。前云易孟京此不言孟京惟正義句有脫奪顧到上下

者以此兩疏詩禮互校可知也虞注與異義不能相謀。

或錫之已鞶帶

說文鞶革部三篇下。大帶也易曰或錫之已鞶帶男子帶鞶女子帶絲从革殸聲。

集解引虞翻注錫謂王之錫命鞶帶大帶男子鞶革初四已易位三二之正按張惠言虞氏義二五初

四易上有巽象時三未變三盡衍字巽爲要帶按要古腰字故鞶帶

祖緜按虞注。大帶男子鞶革與說文同此宗孟氏釋文帶作帤說文無帤字也晁氏以

爲篆字誤。

師

禮記十三王制疏。按異義禮戴記王制云五十不從力政六十不與服戎易孟氏韓詩記。

年二十行役三十受兵六十還兵古周禮說國中自七尺以及六十野自六尺以及六十有五皆征之。

小畜

輿說輻

說文輹。十四篇上・車部・軸縛也从車𢇍聲易曰輿脫輹。

集解引虞翻注豫坤爲車爲輹至三成乾坤象不見故車說輹馬君及俗儒皆以乾爲車非也。

祖緜按。虞義不合孟氏家法虞氏之意以爲小畜旁通豫卽六爻之變也豫坤下震上。說卦坤爲腹張惠言引江承之云輹正字當作腹輿也與大畜同馬融說佚此云馬君及俗儒以乾爲車誤也釋文引馬融輹作輻車下縛也與說文字異而義略同至俗儒亦未知指何家易也脫說文。四篇下・肉部・消肉臞也惟段注以爲解脫之脫當用挩。

月幾望

趙振芳易原。幾作近孟荀一行本作旣。

祖緜按趙氏引孟不詳據何書晁氏曰子夏傳京劉一行作近而無孟字而說又與趙

履

氏異。孟作既說見中孚月幾望條。

眇能視

釋文引說文。眇小目與說文[目部 四篇 上] 解字同。

集解引虞翻注。離目不正兌為小故眇而視視上應也。

祖緜按說文解眇字未引易虞氏以小目為眇義與說文同。

履虎尾愬愬

說文虩。[虎部 五篇 上]。易履虎尾虩虩虩虩恐懼也。一曰蠅虎也從虎𧈙聲。

集解引虞翻注。體與下絕四多懼故愬愬。

祖緜按釋文。愬愬山革反子夏傳云恐懼貌何休注公羊傳云驚愕也[按見宣六年晉趙盾愬而公羊] 馬本作虩虩音許逆反又云恐懼也說文同廣雅云懼也足證愬與虩字異 而實同愬說文無即謚字或以為愬為今文虩為古文證以謚字亦非也愬為謚之省[再拜注：愬驚貌：愬] 震卦辭震來虩虩又初六震來虩虩象震來虩虩虞注皆以四失位多懼釋在震作虩 在此作愬不作虩與孟說異釋文震來虩虩荀作愬愬是音通也呂氏慎大覽作愬愬履虎尾終吉則從讒之省也。

泰

包汖用馮河

說文汖。十一篇·下·巛部·水廣也。从巛亡聲易曰包汖用馮河。

虞翻注佚象曰包汖得尚于中行集解引虞注云在中稱汖。汖大川也。

祖緜按汖今本作荒虞作汖宗孟氏也荒說文荒。艸一篇·部·下。蕪也。从艸巟聲一曰艸掩地

也。與汖義異此宜作汖字。

城復于隍

說文隍。十四篇·下·阝部·城池也。有水曰池無水曰隍从阝皇聲易曰城復于隍

集解引虞翻注云否艮為城故稱城坤為稱土隍城下溝無水稱隍有水稱池。

祖緜按虞注無水稱隍有水稱池與孟氏同否艮為城否者泰之旁通也艮者上六變

為艮也。

同人

同人于宗吝

通典卷六十引五經異義許愼謹按易曰同人于宗吝言同姓相娶吝道也卽犯誅絕之

罪五屬之內禽獸行乃當絕

虞翻注佚。

祖緜按惠棟周易述補虞義。乾爲宗。又據許愼異義王逸楚詞注以補之曰二五同性

故爲宗合義不合姓吝也故曰同人于宗吝。虞翻注繫辭二人同心其利斷金云

二人謂夫婦震爲夫巽爲婦又云夫出婦處婦默夫語故同心也集解引荀爽注陰道

貞靜從一而終令宗同之故吝也荀說亦本孟氏白虎通嫁娶篇不娶同姓者重人倫

防淫佚恥與禽獸同也義尤

豫

利建侯

毛詩疏十九之二臣工引五經異義曰公羊說諸侯不純臣左氏說諸侯者天子蕃衞純

臣許愼謹案禮王者不純臣者謂彼人爲臣者皆非己德所及易曰利建侯侯者王所親

建純臣也鄭玄駁曰賓者敵主人之稱而禮諸侯見天子稱之曰賓不純臣諸侯之明文

矣。

集解引虞翻注復初之四。與小畜旁通。坤爲邦國。震爲諸侯。初至五體比象。四利復初。故

利建侯。

祖緜按。許氏主左氏說古文也。鄭氏主公羊說今文也。今左氏公羊二傳均未見其文。疑漢書藝文志左氏微公羊雜說中之文也。許氏引禮其文亦未見經傳疑古經語也。引易用孟氏係師說非章句也故不能與虞氏互證。

殷薦之上帝

說文作樂之盛稱殷。身部八篇上。從身殳易曰殷薦之上帝。

虞翻注佚。

盱

說文盱。目部四篇上。張目也。

虞翻注佚。

祖緜按此係陸氏引說文解盱字也馬國翰孟氏章句輯入誤許君解此字未嘗引易。

朋盍簪

馬國翰輯孟氏章句引釋文簪虞作戠。叢合也馬以爲虞氏先世治孟氏易以虞作戠即

《周易孟氏學》《周易孟氏學遺補》《孟氏易傳授考》合刊

爲。孟氏。家法。非也。虞因小吏陳桃夢見道士後。已不守孟氏家法矣。說文先〔八篇·首·下〕首筭

也。從儿匕象形凡先之屬皆從先。簪俗先從竹從簪。許氏儕俗即指今文也

集解引虞翻注。小畜兌爲朋。益合也坤爲益。益聚會也坎爲聚坤爲眾眾陰竝應故朋益

哉。舊讀作攢作宗也

祖緜按釋文哉叢合也。集解哉聚會也。在唐時虞翻說已有二矣釋文以叢合解哉集

解以合解益非釋哉字也說文哉〔十二篇·戈部·下〕義闕段氏以爲蓋後人箋記之語非許語也

其說亦不足信又謂舊讀攢釋文京作攢說文亦无是簪與攢即先之俗也虞治孟氏

易注中凡引諸家之說皆揭姓氏或俗儒至舊讀實孟氏家法作攢作宗孟氏本在虞

翻時已有兩說矣。

觀

地可觀者莫可觀於木

說文相〔目部四篇·上〕省視也。從目木易曰地可觀者莫可觀於木詩曰相鼠有皮。

祖緜按此佚易也漢書藝文志孟喜京房十一篇中語也或以爲序卦傳語其文不類。

噬嗑

噬乾胏

說文胏。四篇。下。食所遺也。从肉仕聲易曰噬乾胏。肺楊雄說胏从宋重文也。

虞翻注佚。

祖緜按字林云胏食所遺也。與說文同。

賁

觀乎天文巳察時變

說文示。示部。一篇上。天垂象見吉凶所以示人也。三垂。日月星也。觀乎天文以察時變示神事也。

集解。引虞翻注。日月星辰爲天文也。泰震春兌秋。賁坎冬離夏。巽爲進退日月星辰進退盈縮謂眺側脁也。歷象在天成變故以察時變也。

祖緜按賁爲三陰三陽之卦故虞注以泰言之賁二之上卽泰也。惠棟周易述疏虞義曰體離艮互坎離日坎月艮星。故日日月星辰爲天文也時四時也泰互震兌故震春兌秋賁有坎離故坎冬離夏巽陽已進而陰已退故爲進退日月星辰有進退盈縮艮星說卦傳未著於象惠棟易漢學虞氏逸象艮爲星注云艮主斗斗建十二辰艮爲人。

《周易孟氏學》《周易孟氏學遺補》《孟氏易傳授考》合刊

斗合於人統朱子發引仲翔注曰離艮爲星離爲日非星也朱誤讀虞注耳又爲斗注

艮上值斗九家易曰艮數三七九六十三三生斗惠氏補逸象係爻辰艮宮有寅寅支

三也在十二辰爲正月 按夏時也·斗指寅而立春寅爲人統虞義曰月星辰本三垂日月星

宗孟氏說也

賁如皤如

說文皤 白部·七篇·下· 老人白也從白番聲易曰賁如皤如

虞翻注佚

祖緜按說文老人白也釋文引說文作老人兒文選 一卷 東都賦辟雍詩注·後漢班固傳

注引說文與釋文同御覽三八八引作老人色也疑白係兒脫儿色係兒之誤書兒字

能兼白義似宜從之

无妄

不菑畬

說文菑 艸部·一篇·下· 不耕田也從艸田巛聲易曰不菑畬又畬 下·田部·十三篇· 二歲治田也從田余聲

易曰不菑畬田

集解引虞翻注田在初一歲曰畜在二三歲曰畬初爻非坤故不畬而畜。

祖緜按說文二引田部不畬畬田汲古閣本以田爲衍文段氏據宋本仍之愚以爲非也。禮坊記引作不畬凶田係凶字之筆誤爾若作田無此句法畬爾雅釋地野 三歲

曰畬馬融從之 文見釋 是畬在漢人已有二歲三歲之分矣虞氏此注是宗孟氏惟一歲 畜

非也且云初爻非坤故不畬而畜馬氏惟不畬坤爲地地能畬今非坤故不

畜而二爻雖坤之正位然變坎坎爲冬又何能畬疑而字衍爾。

大畜

輿說輹

說文輹段注以爲與小畜輿脫輹同。

集解輹作腹引虞翻注萃坤爲車爲腹坤消乾成故車說腹腹或作輹也。

祖緜按孟氏章句已佚段氏以此與小畜輿說輹同虞氏以輹爲腹似與小畜之輿說

輹異又云腹或之者疑之也小象曰車說腹中无尤也集解引盧氏注腹作輹。

可證虞氏在小畜作輹在大畜作腹也虞氏此義以旁通釋大畜旁通爲萃至坤消乾

成又以消息釋也惟以恖通取象。其義反迂。九二變離。說卦傳離其於人也為大腹互

坎其於人也為多眚。凡象近取諸身者。即可遠取諸物與之腹。即可以人之腹象之

腹多眚。即脫輻之象也。其象甚明。何必以恖通釋之哉。

僮牛之告

說文告。部首。二篇上。牛觸人角著橫木所以告人也。从口从牛。易曰僮牛之告。

集解引虞翻注艮為童。五己之正莘坤為牛。告謂以木福其角。大畜畜物之家。惡其觸害。

艮為手為小木。巽為繩繩縛小木橫著牛角。故曰童牛之告。

祖縣按虞氏釋告與說文同。宗孟氏家法也。釋文。九家易亦告僮說文與童異。虞作童。

今文也。

頤

節飲食

說文卮。九篇上。部首。圜器也。一名觛。所已節飲食。象人卪在其下也。易曰君子節飲食。凡卮之

屬皆从卮。

虞翻注佚。

虎視眈眈

說文眈眈。[日部篇上] 近視而遠志从目冘聲易曰虎視眈眈。

虞翻注佚集解象曰顛頤之吉上施光也引虞翻注眈眈下視兒漢上易傳三引虞注艮爲虎。

祖緜按眈眈說文近視而遠志虞注。下視貌義略同。張惠言虞氏義以小象之注移置六四爻並引上已反三成離故上施光也失之漢上易傳引虞義艮爲虎艮宮寅支寅爲虎也釋文眈眈丁南反威而不猛也馬曰下視兒一音大南反是虞從馬氏說不宗孟也。

大過

其欲逐逐

馬國翰輯孟氏章句篷式六反釋文劉作篷遠也說文式六反。

集解引虞翻注逐逐心煩貌。

祖緜按馬氏以釋文劉表本淯入非也劉作篷釋文以說文式六反正其音非孟氏章句作篷也。

老婦得其士夫

集解引虞翻注。舊說以初爲女妻。上爲老婦誤矣。馬君亦然。荀公以初陰失正當變數六

爲女妻二陽失正數九爲老夫以五陽得正位不變數七爲士夫上陰得正數八爲老婦。

此何異俗說也悲夫學之難而以初本爲小反以上末爲老後之達者詳其義焉

祖緜按虞氏所謂舊說實孟氏說也。

坎

入于坎窞

說文窞 穴部 七篇下。坎中更有坎也。从穴名亦聲易曰入于坎窞一曰旁入也。

集解象曰習坎入坎。失道凶也。坎中小穴稱窞

祖緜按虞注坎中小穴稱窞與說文坎中小穴稱窞

坎中更有坎也意同。釋文引字林坎中小坎。一曰

旁入與說文同。

禔既平

說文禔 示部 一篇上。安也。从示是聲。易曰禔既平。

集解引虞翻注。攻爲平禔安也。艮止坤安。故禔既平。

《周易孟氏學》《周易孟氏學遺補》《孟氏易傳授考》合刊

祖緜按虞氏此注宗孟氏祇今本作祇。

離

畜牝牛吉

說文牝。（牛部上。）畜母也。从牛七聲易曰畜牝牛吉。（二篇上）

集解引虞翻注。畜養也坤爲牝牛乾二五之坤成坎體頤養象故畜牝牛俗戲皆以離爲

牝牛失之矣。

祖緜按虞翻此注與孟氏異集解是以畜牝牛吉也引荀爽注牛者土也生土於火離（宋按從汲古閣仿北宋版說文校正段）

者陰卦牝者陰性故曰畜牝牛吉矣是虞氏所謂俗儒似指荀爽言也

百穀艸木麗於土

說文麗。（艸部下。）艸木相附麗土而生从艸麗聲易曰百穀艸木麗於土。（麗一篇）（氏說文都被宜改不可爲據）

集解引虞翻注震爲百穀巽爲艸木坤爲地乾二五之坤成坎震體屯屯者盈也盈天地

之間者唯萬物萬物出震故白穀艸木麗乎地。

祖緜按段玉裁說文解字注一篇艸部麗字解麗艸木生箸土从艸麗聲易曰百穀艸

木麗於地。與汲古閣刻仿北宋說文本大異孫星衍重刻宋本說文同。唯土作地段當

不至無所見而淺陋若是離麗也卦體本乾故曰天離爲日伏坎爲月皆光明象也附

麗於天則以天爲陽日月爲陰也中陰本乎坤故曰土互巽兌爲百穀艸木是以附麗

於地也上象天。故從麗下象地。故從麗讎虞氏易作麗今本同義宜從說文爲正段說

不足取也。

日厢之離

說文厢日部·七篇·上。日在西方時閒也。从日仄聲易曰日厢之離。

虞翻注佚。

突如其來如

說文去。下·十四篇·首·不順忽出也。从到子易突如其來如不孝子突出不容於內也。去卽易突

字也。

虞翻注佚。

祖緜按說文去字下解突。突字下不解去。則孟氏易从突不从去。

後學　潘承弼初校

男　延國覆校

弟子　屈懷白

後學　徐復　再覆校

周易孟氏學卷中

杭縣沈祖緜跌民撰

咸

咸其脢

說文。脢〔肉部四篇下〕背肉也从肉每聲易曰咸其脢。

集解引虞翻注。脢夾脊肉也謂四已變坎爲脊故咸其脢得正故无悔。

祖緜按說文。背〔肉部〕脊也。又肿〔肉部〕夾脊也廣雅云肿謂之脢又說文脊〔上十二豕部〕背呂也釋名釋形體背倍也在後稱也脊積也積續骨節終上下也是夾脊肉宜謂之肿不宜謂之脢也虞氏以夾脊肉釋脢究違師法雖廣雅以脢釋脢訓詁未塙

咸其輔頰舌、

釋文頰兼叶反孟作佹。

釋文輔虞作酺云耳目之閒。集解引虞翻注。耳目之閒稱輔頰。

祖緜按虞翻注集解引輔頰不作佹也釋文虞作酺疑或本也說文酺〔面部九篇上〕頰也又

輔〔上十四車部〕人頰車也春秋傳左氏曰輔車相依又頰〔頁部九篇上〕面旁也釋名釋形體輔車。

其骨强所以輔持口也或曰牙車牙所載也或曰頷頷含也口含物之車也或曰頰車。

亦所以載物也或䑕車鼫鼠之食積於頰人食似之故取名也凡繫於車皆取在下載

上物也誤諸校本原文誤不釋名原文反

頰輔車牙疏輔爲外骨車是內骨其注與疏與釋名同惟此爻輔頰舌是三名非二春秋左氏傳輔車相依服注輔上頷車也與牙相依杜預注輔

名也素問骨空論骸下爲輔左氏牙車疏頰之與輔口䫌肌之名也孟作俠

古文作夾案春秋左氏僖二十六年傳昔周公太公股肱周室夾輔成王論衡語增篇齊晃氏曰

淳于越進諫始皇不封子弟功臣自爲夾輔後漢書劉陶傳作挾輔王室廣雅釋詁四

押輔也是挾與夾通叚漢書季布傳爲任俠有名師古注云俠之言挾也以權力俠

輔人也此其證虞義作䩠惠棟周易述申虞義作輔疏曰輔說文曰頰也尋輔近口在頰

前淮南子曰䫌輔在頰前則好是也頰在頰前則好在頷則醜故醜耳按文選卷十九曹子建洛神賦曰䫌輔承權高誘注淮南子說林篇䫌輔頰上窪者此

目之閒爲權權在輔上故曹植洛神賦云䫌輔承權淮南子作䩠惠氏改輔與原文異䫌輔古通之證

前淮南子曰䫌輔在輔上故曹植洛神賦云䫌輔承權

且淮南子修務篇奇牙出䫌䩠搖亦不作輔也何必改至說文云䩠頰也是訓䩠

輔也大招奇牙宜笑䫌些王逸注有輔一作䩠爲輔䩠古通之證輔奇牙也王逸曰美人頰有

朕口說也

馬國翰輯孟氏章句。滕。釋文虞作騰。

集解引虞翻注滕送也不得之三山澤通氣。故滕口說也。

祖緜按說文无滕字故許氏所不偁馬國翰凡以虞作某者孟氏亦必作某非也滕今

文世儀禮大射禮滕觚于賓注古文滕皆作騰此其證又公食衆人騰羞者注騰當作

滕是以今文改古文也說文滕上・水部・十一篇水超涌也从水朕聲以之解象義所不合騰篇十

部上・馬傳也从馬朕聲一曰騰犗馬也其解雖較滕爲近理亦未盡然易遯卦六二莫之

勝說則滕字宜从勝也春秋左氏昭十四年傳曹武王名史記管蔡世家漢書古今

人表皆作勝是古滕勝通用爾雅釋詁勝克也說文下・十三篇・力部任也从力朕聲此爻言咸

之至在羣籍中惟素問金匱眞言論所謂得四時之勝者又瘧論陰陽更勝也又六元

正紀大論故上勝則天氣降而下又至眞要大論六氣相勝又脈要精微論以其勝治

之以諸勝字解遯卦方爲塙當。

恆

振恆凶

說文揯卷六・上・木部柱氏也古用木今以石从木耆聲易曰揯恆凶。

集解引虞翻注。在震上。故震恆。五。動乘陽。故凶。

祖緜按釋文振之忍反。馬云動也。鄭云搖落也。張作震均不作。楮虞亦作震。與孟氏異。

說文振。〔十二篇上.手部〕舉救也。从手辰聲。一曰奮也。凡震振唇溽宸之屬皆辰之衍。礎爾雅釋

宮礎也。淮南說林篇注柱下石礎也。說文新附柱下石也。礎楮聲通礎係今文也。

遯

係遯有疾厲畜臣妾吉

禮記四曲禮疏下引五.經異義謹案易曰。係遯有疾厲畜臣妾吉。知諸侯無去國之義也。

祖緜按許氏此案不能以虞注證許易係孟氏。其異義係易曰京孟易引孟氏京房十

一篇語也。曰易下鄭傳甘容說。〔王制疏十二〕曰易施讐等記。〔禮記緇衣疏二十五〕皆舉姓氏凡言

大壯

羸其角

釋文羸鄭虞作纍。馬國翰孟氏章句以虞宗孟入之誤。

易曰以說文證是係孟氏也。

祖緜按孟說佚羸纍說文均無釋文凡孟氏說與諸本異者則云孟作某此云虞作纍

晉

是虞氏與諸本異也非孟氏說也。

晉進也　明出地上晉

說文晉﹙日部。七篇上﹚。進也日出萬物進从日从臸易曰明出地上晉釋文晉象云進也孟作會。

于西反義同。

虞翻注佚。

祖緜按說文作晉今作晉由隸省虞翻注晉康侯觀四之五晉進也亦作進以說文證之孟作齊爲隋之古字儀禮士虞禮隋衭爾于爾皇祖某甫尚饗注今文隋爲齊作齊今文也釋文隮於九陵本又作隮子西反升也是其證。

囧孚裕无咎

說文裕﹙衣部。八篇上﹚。衣物饒也从衣谷聲易曰有孚裕无咎。

集解引虞翻注應離爲囧曰坎稱孚坤弱爲裕欲四之五成巽初受之命故无咎也。﹙張憲言﹚

氏義曰坎稱孚之日宜作四四坎體又欲四之五之欲乃坎之誤﹒日以爲衍字誤﹒

祖緜按囧虞亦作冏不作有也說文网﹙网部首。七篇下﹚。庖犧氏所結繩以田以漁也从冂下象网交文。凡网之屬皆从网。网或加亡。大壯君子用网。釋文网。羅與虞注離爲网同且羅有包羅之意包羅含有有字之義惟爾雅釋言网無也詩民勞以謹网極箋网無也。與馬王肅同許氏偁孟氏易网作有有无二字義正相反若从釋文作羅解於義方合

晉如鼫鼠

馬國翰輯孟氏章句引說文鼫十篇上·鼠部·五技鼠也能飛不能過屋能緣不能窮木能游不能渡谷能穴不能掩身能走不能先人此之謂五技从鼠石聲

虞翻注佚。

祖緜按五伎鼠孔疏引蔡邕勸學篇與說文同集解引九家易其說亦與說文同惟參以象爾九家易曰碩鼠喻貪謂四也體離欲升體坎欲降游不度瀆不出坎也飛不上屋不至上也緣不極木不出離也穴不掩身五坤薄也走不先足外震在下也五伎皆劣四爻當之故曰晉如碩鼠也以九家易證之疑漢人易傳之說也說文渡谷九家易作度瀆過屋作上屋窮木作極木先人作先足文字略有異同荀子勸學篇楊倞注與說文同惟過屋作上屋

失得勿恤

釋文失得。如字孟馬鄭虞王肅本作矢馬王云離爲矢虞云矢古誓字。

集解引虞翻注矢古誓字誓信也。勿无邮憂也五變得正坎象不見故誓得勿邮。

祖緜失作按矢孟虞同。

明夷

用拯馬壯吉

說文抙。上·十二篇·手部·舉也从手丞聲易曰用抙馬壯吉又弎。上·十四篇·車部·輈車後登也从車丞聲讀

虞翻注佚。

若易拯馬之拯。

祖緜按抙段作拯解作上舉也段氏據文選注補入又增出休爲拯文選注屢引出溺。

爲拯是古本有此四字段氏增入是也抙今文或隸俗拯古文也釋文拯敉之拯注

同說文云舉也鄭云承也子夏傳作抙字林云抙上舉音承以釋文證之說文云舉也

是唐時說文本有拯無抙出子夏傳不云出說文是今文無疑義段氏改抙爲拯

是也春秋左氏宣十二年傳目於智井而拯之又昭十年是以無拯孟子梁惠王下民

以為將拯己於水火之中也。淮南子氾論篇則捽其髮而拯此其明證也宋咸
熙古易音訓序曰明夷用承馬晋拯救之拯與艮不承其隨晋拯救之拯同。今明夷承
改拯與艮卦異。且陸氏之音為贄矣其說是也拯係承之衍也。

明夷于南狩

說文狩。犬部·上·篇 犬田也。从犬守聲易曰明夷于南狩。

虞翻注佚。

祖緜按虞注佚無以證孟氏家法近見某作釋狩犬田作火田並引狩時火災山林以
證之殊誤。

箕子之明夷

漢書儒林傳蜀人趙賓好小數書。後為易文以為箕子明夷陰陽氣亡箕子箕子者萬物
方荄滋也。賓持論巧慧易家不能難皆曰非古法也云受孟喜。喜為名之。後賓死莫能持
其說喜因不肎仞以此不見信。顏師古曰此箕子者謂殷父師說洪範者也。而賓妄為說
耳。荄滋言其根荄方茲茂也。

虞翻注佚在惟箕子以之注曰箕子紂諸父。

祖縣按釋文蜀才箕作其劉向云今易箕子作荄滋鄒湛云訓箕爲荄詁子爲滋漫衍

無經不可致詰以讖荀爽張湛蜀典曰按若箕子則文王又何解乎顏師古駮正良是

至清治漢學者惠棟周易例及周易述·宋翔鳳錄·過庭皆主趙賓說殊非也且此說在吾時已不可

仍矢後人反宗之何邪

暌

其牛掣

說文掣 角部·四篇下· 一角仰也从角㓦聲易曰其牛觢

集解觢作觢引虞翻注坤爲牛爲類牛角一低一仰故稱觢離上而坎下其牛觢也

祖縣按釋文說文作觢之世反云角一俯一仰以虞注及釋文證之是一角仰誤也宜

作角一俯一仰爲正今說文作觢文理不通是文有脫奪俗人妄竄耳張惠言虞

氏義云爲類未詳疑字之誤說卦傳坤爲地天之類也爲母父之類也爲衆均與

衆皆類也何疑之有

其人天且劓

說文劓 刀部·四篇下· 刑鼻也从刀臬聲易曰天且劓臬或从鼻·

集解引虞翻注。其人謂四惡人也。黥額爲天。割鼻爲劓。无妄乾爲天。震二之乾五以陰墨

其天乾五之震二。毀艮割其鼻也。兌爲刑人故其人天且劓。

祖緜按說文劓劓兩字並用。虞用劓與孟氏異。

損

二簋可用亨

祖緜按馬國翰輯孟氏章句。二簋可用亨引說文簋。（竹部·五篇上）黍稷方器也。从竹皿皀匭

古文簋从匚食九。匦古文簋从匚軌。未引易釋文蜀才作軌。說文軌。（車部·十四篇上）未引易儀

禮公食大夫禮宰夫設黍稷六簋于俎西注古文簋皆作軌。此其證周禮小史以書敍

昭穆之俎簋注故書簋或作九軌爲九之孳乳也。

君子以懲忿窒欲

釋文窒孟作怪欲作浴。

集解引虞翻注。初上據坤艮爲山故窒欲也。

祖緜按說文有窒無怪怪浴疑淺人所改。非孟氏文故許氏不偁。

已事遄往

說文遄 二篇下 往來數也从辵喘聲易曰已事遄往。

集解已作祀引虞翻注祀祭祀坤爲事謂二也遄速酌取也又曰祀舊作已也釋文音以。

祖緜按虞舊作已指孟氏本也作已與說文同說文已鉉作已錯作以隸亦作已作祀本亦作以虞作祀。

以漢書東方朔傳注曰用也小爾雅廣詁以用也古已目同音作祀惟虞氏爾諸輯本

以虞宗孟氏以爲虞作某孟氏亦作某以此證之則非也遄字之解虞亦與孟異

得臣無家

馬國翰輯孟氏章句輯蔡邕荅詔問八事引得臣無家以爲孟氏說。

集解引虞翻注二五已勳成益坤爲臣三變據坤成家人故曰得臣動而應三成既濟則

家人壞故曰无家。

祖緜按凡易无皆作无不作無也虞氏作无是也漢人引此者凡兩見漢書五行志中

之上谷永曰易稱得臣無家言王者臣天下 無私家也 按漢成帝紀二十 五成帝紀同 與此荅詔問災異

稱易曰得臣無家言天下何私家之有是也治經者以爲无家之无字當作無誤也古

人引易以无作無者夥矣乾坤二卦已數見如乾見羣龍无首吉說苑至公篇作無首

吉坤之括囊无咎无譽荀子非相篇淮南子詮言篇作括囊無咎無譽魏志李通傳注。

作括囊無咎又坤之地道无成而代有終也後漢紀十二章帝紀作地道無成而代有

終是也亦有作亡者如乾之賢人在下位而无輔漢書五行志下之上作賢人在下位

而亡輔則作亡矣馬氏以蔡邕荅詔問引易得臣无家爲孟氏爲孟氏章句是無證據邕嘉平

石經易用京氏今谷永引此亦作无谷習京氏易非孟氏章句明矣說文无 十二篇下。無重文。

奇字无也通於元者虛无道也干育說天屈西北爲无易宜作无。

益

偏辭也

釋文偏孟作徧云周匝也。

集解引虞翻注徧周匝也。

祖緜按虞亦作徧孟氏家法也說文徧 卷二下。彳部。市也義與孟同敦煌古寫本亦作徧。

夫

有戎勿卹

說文䀹 目四篇上。目深突皃也從目窅讀若易曰勿卹之卹。

集解引虞翻注卹作恤。

祖緜按說文卹〔五篇·上 血部·〕憂也又恤〔十篇·下 心部·〕憂也。解同詩羔裘序不卹其民也。釋文本亦

作恤卹恤古通

其行次且

釋文次本亦作趄。或作跙。說文及鄭作趡同七私反注倉卒也。

集解引虞翻注。大壯震爲行。坎爲破爲曳。故其行次且。

祖緜按說文次〔欠部·下〕不前不精也。从欠二聲。又趑〔二部·上〕趑趄行不進也。从走次聲。

趄〔部走〕趙也。从且聲趙爲次之衍。趙爲且之衍。衍走爲趑。趙今本作次且省文也。熹

平石經亦作次且。至趄〔部走〕說文未引易以釋文證之則陸氏所見本有引易者也。今不

可深攷矣。

覓陸夬夬

釋文引三家音覓胡練反。羅苹路史後紀注。卷五。引孟喜說。覓陸獸名夬有兌兌爲羊也」

集解引虞翻注覓說也。覓讀夫子覓爾笑之之覓。覓陸和睦也。震爲笑言五得正位兌爲

說。故覓陸夬夬大壯震爲行五在上中動而得中故中行无咎舊讀言覓陸字之誤也。馬

君荀氏皆從俗言覓陸非也。

祖縣按孟氏說見路史後紀卷五請又其覓而時之吾謹逃其爪牙則可矣注。則作覓

字。虞翻家世治孟氏易所謂舊讀卽孟氏章句也馬荀皆從俗言。今馬注已佚荀氏注

集解中猶在以覓作艸解以荀證孟與羅苹所引者不合虞改作覓讀夫子覓而笑之

之覓今論語作莞。說文。艸一篇下。艸也可以作席。從艸完聲覓說文一篇下。覓菜也。從

艸見聲完𡴋音聲各別此虞氏擅改師說不足據焉至覓說文十篇上。山羊細角從兔

足從首聲凡覓之屬讀若丸寬字從此與虞注覓讀覓爾而笑之聲通後人遂以爲孟

氏從覓不從覓之證虞義雖與孟異而讀則同也釋文出覓三家音胡練反以三家音

證之三家施孟。梁丘也。則孟亦作覓不作覓也自來治易者釋覓覓兩字之別以趙振芳易原

爲最切覓上從羊是羊頭不是艸頭下從見如兔字非見字字異而聲亦別以虞義舊

讀言覓陸則孟作覓字也

姤

后以施令誥四方

說文。后。部九篇上。繼體君也。象人之形從口易曰后以施令告四方。

一四

46

集解引虞翻注后繼體之君姤陰在下故稱后與泰稱后同也乾爲施巽爲命爲誥復震

二月東方姤五月南方巽八月西方復十一月北方皆總在初故以誥四方也孔子行夏

之時經用周家之月夫子傳象以下皆用夏家之月是故復爲十一月姤爲五月矣

祖緜按虞注后繼體之君與許氏同是宗孟氏家法告虞作誥說文言部·告也義同

上復字指夬通姤夬通復也復爲十一月姤爲五月是辟卦也巽爲二月巽爲八月指

姤復二卦之內卦言以合四方之說實曲解也且巽爲八月西方與說卦傳帝出乎震

一節不合巽爲東南方也何能遠越於西方乃虞氏以納甲巽納辛附會西方西方庚辛·辛

係十干次第之第八數故曰八月姤謬哉虞氏之說也蓋虞氏拾取參同契之說非孟氏

家法矣

繫於金柅

釋文柅廣雅云止也說文作檷木篇·上·云絡絲趺也讀若昵今本說文跌作柎段氏以爲

古今字

集解引虞翻注柅謂二也巽爲繩故繫柅乾爲金巽木入金柅之象也

祖緜按說文檷下未引易虞翻作柅不作檷柅說文木部·木也實如棃從木尼聲此字

與金杞之杞不涉叉尿〔木部〕﹑篗柄也從木尸聲重文杞尿或從木尼聲金杞之杞屬此字

篗說文〔竹部五篇上〕﹑收絲者也方言曰篗裵豫河漳之閒謂之橕郭云所以格絲也格卽絡

之古文以此推之櫚杞尿古通用

有隕自天

說文隕〔十四篇下﹑自部〕﹑從高下也從自員聲易曰有隕自天

集解引虞翻注隕落也乾爲天謂四隕之初初上承五故有隕自天矣

祖縣按隕與落義異爾雅釋詁落死也離騷惟艸木之零落兮注零落皆墜也故落說

文〔艸部一篇下〕﹑凡艸曰零木曰落如木葉下是也隕者從高下如隕星隕石是也瓜形如星

苞〔按苞卽艸也〕﹑杞上如星在天故用隕

萃〔如嗟如〕

萃

祖縣按馬國翰輯孟氏章句嗟作瑳並云引集解本虞翻注㳌集解引虞注作嗟不作

瑳諸家本亦無作瑳者是馬氏誤引也惠棟周易述改嗟爲差集韻嗟古作䟆是引爾

雅釋詁嗟咨㛍也釋文嗟或本作䟆惠作差者離大叡之嗟釋文嗟本作差從荀也嗟

即說文䜗。言部。三篇上。啙也。一曰痛惜也。从言䜴聲啙即咨虞注巽爲號。故嗟如以號釋嗟。未切。

升

允升大吉

說文軌。本十篇下。進也。从本从屮允聲易曰軌升大吉。

虞翻注佚。

祖綿按晃說之以允爲古文軌篆文。

困

劓刖

祖綿按馬國翰以釋文引說文刖作劓以爲孟氏章句非也釋文京作劓劊案說文劊斷也陸氏所謂案者是以說文解京本之劊字也非說文刖字作劊字也其文甚明乾鑿度亦作劓刖集解引虞翻注斷足爲刖亦不作劊也刖說文肉部四篇下絕也从刀月聲周禮秋官司刑劓辠五百刖辠五百鄭注刖斷足也周改臏爲刖又掌戮刖者使守囿鄭注斷足驅衞禽獸無急行五刑墨劓宮刖殺皆用劊若曰劓劊僅劓刖劊而

已失刑法之大綱矣且刖與紱叶作劓不叶矣此京氏妄竄者也

于臲卼

說文臲。出六部下。臲劓不安也。从出臬聲。易曰臲劓。釋文卼說文作臲。云劓不安也。

集解引虞翻注。兌爲刑人。故困于葛藟于臲卼也。

祖緜按臲虞氏不作劓。與孟氏家法異。張惠言虞氏義謂臲卼。蓋兀刑也。兀作劓解本

莊子德充符魯有兀者釋文引李注。劓足爲兀說文兀。八部下。高而上平也。亦不作劓。

解高而上平不安兒。荀爽注臲卼不安也。字異而解與說文同。以諸說證之。李注以劓

足爲兀誤也。且九五爻已言劓刖。若再以兀作劓解。意重。

井

說文丼。五部井下。罰辠也。从刀井。易曰井者法也。井亦聲。

祖緜按井者法也。疑象之佚文。抑雜卦語也。漢書五行志風俗通引同。

甕敝漏

釋文甕說文作罋汲缾也。

集解引虞翻注。離爲罋。罋瓶毀缺。羸其瓶凶。故甕敝漏也。

祖緜按甕爲罋之俗。說文有罋_{五篇·下·缶部}無甕。

為我心惻。

釋文惻。說文_{心篇·下}·云痛也。

虞翻注佚。

井洌寒泉食

說文洌_{下·十一·水部}·水清也。从水列聲。易曰井洌寒泉食。

集解引虞翻注泉自下出稱井周七月夏之五月陰氣在下。二已變坎。十一月爲寒泉。初二已變體噬嗑。故洌寒泉食矣。

祖緜按洌虞作洌說文無列从火井水夏寒冬溫焉有火作洌誤也井於卦氣五月之卦也故虞曰五月五月者對十一月也卽所謂子午衝也五月井水寒故曰寒泉參同契曰姤始紀序履霜最先井底寒泉午爲蕤賓賓服于陰陰爲主人卽以姤爲五月辟井爲五月卿言也虞氏此注本之。

革

水火相息

釋文息。說文作熄。十篇·上·火部·畜火也。

集解引虞翻注。息長也。離爲火兌爲水。繫曰潤之以風雨風巽雨兌也。四革之正坎見。故

獨於此稱水也。

祖縣按釋文云說文作熄。熄下雖不侔易。是孟氏章句也。虞以息爲消息之息。義可通

漢書藝文志易傳孟氏京房十一篇。故許氏五經異義偁孟京說釋文每卦冠列某宮

某世卦從孟京說。虞注四革之正坎見。故獨於此稱水也。四革之正指革爲坎宮四世

卦言也。虞氏誤以爲四爻之變。四爻變爲離互體坎見。惠棟周易述以四革之正坎兩

見益誤矣。不知象指一卦言。若虞注則指一爻悖於例矣。

革用黃牛之革

說文鞏。三篇·下·革部·以革束也。易曰鞏用黃牛之革。

虞翻注佚。

君子豹變其文蔚也

說文斐。九篇·上·文部·分別文也。從文非聲。易曰君子豹變其文斐也。

集解引虞翻注。蔚蚡也。兌小故其文蔚也。

鼎

祖緜按虞作蔚今本同與孟異。

說文。鼎七篇上。三足兩耳和五味之寶器也。象析木以炊貞省聲昔禹收九牧之金鑄鼎部首。

荊山之下入山林川澤者离魅蝄蜽莫能逢之以協承天休易卦巽木於下者爲鼎古文

以貞爲鼎籀文以鼎爲貞凡鼎之屬皆屬鼎。

虞翻注佚。

盲飪

說文。飪三篇下。食飪从𩚏𡈽易曰亯飪。𩜋部。

虞翻注佚。

鼎玉鉉

說文。鼎七篇上。以木橫貫舉鼎耳舉之从鼎冂聲周禮廟門容大鼏七箇即易玉鉉大吉鼎部。

也又。鉉十四篇上。所以舉鼎也从金玄聲易謂之鉉禮謂之鼏。金部。

集解引虞翻注離爲黃三變坎爲耳故鼎黃耳鉉謂鼎兩耳乾爲金故金鉉。

祖緜按禮謂之鼏易之謂鉉許氏之說非也儀禮如士喪禮設扃鼏又云取鼏委于鼎

北。加鬲不用士虞禮左人抽鬲鼎七士冠禮設鬲鼎十餘事注皆曰今文鬲爲鉉古文

鼎爲密是鬲與鼎非一物而鉉亦非鼎耳虞氏以三變坎爲耳取象亦誤鼎下卦巽伏

也入也自取鬲藏之義。

震

笑言啞啞

說文啞。口二篇上。笑也從口亞聲易曰笑言啞啞。

集解引虞翻注啞啞笑且言謂初也得正有吉故笑言啞啞後有則也。

祖緜按說文啞啞笑也虞注笑且言微有不同矣。

不喪匕鬯

說文鬯以秬釀鬱艸芬芳攸攸以降神也。鬯部五篇下。從凵凵器也中象米匕所以扱之易曰。

不喪匕鬯

集解引虞翻注坎爲棘匕上震爲鬯坤爲喪。二上之坤成震體坎得其匕鬯故不喪匕鬯。

祖緜按虞注以震爲鬯張惠言補其義曰震爲禾稼坎水和之爲鬯酒故上震爲鬯周

禮鬯人掌共秬鬯。按秬說文鬯卹鬯而飾之禮郊特牲周人尚臭灌用鬱鬯以禮證之張云鬯酒

艮

不拯其隨

晁氏曰拯案孟京王陸績皆作承。

集解引虞翻注拯取也。

祖緜按虞氏注作拯不作承說見明夷用拯馬壯條。

艮其限

說文艮八篇上七部很也。从匕目匕目猶目相匕不相下也易曰艮其限匕目爲昆匕目爲眞也。

集解引虞翻注。限要帶也坎爲要五來之三故艮其限。

祖緜按說文言艮虞注言限不能互證釋文馬云限要也鄭荀虞同與虞注要帶異。

列其夤

晁氏曰列孟一行作裂夤孟京一行作胂。

集解引虞翻注夤脊肉艮爲背坎爲脊艮爲手震起艮止故列其夤。

非也。

55

祖緜按。虞氏注列不作裂。贠不作䏶。說文䏶_{肉部·下}瘢也从肉引聲一曰瀘也與上下
兩句義不相貫。

厲熏心
集解引虞翻注。坎爲心。厲危也。艮爲閽閽守門人。坎盜動門。故厲閽心古閽作熏心。馬因
言熏灼其心。未聞易道以坎水熏灼人也。荀氏以熏爲勳讀作勳皆非也
祖緜按。虞氏所謂古實指孟氏章句也。熏李松林周易述補疏考證尚詳引胡廣曰勳
者。閽也。漢時古文尚存其說。是明證也。說文有勳_{十三篇·下·力部·無熏}

漸
婦孕不育
釋文引說文。裹子曰孕。_{十四篇·下·子部}
集解引虞翻注。孕妊娠也。育生也。巽爲婦。離爲孕。三動成坤離毀失位。故婦孕不育凶。
祖緜按。此釋文引說文釋孕字也。虞注字異而義同。虞所謂位非指易之正位指互體
也。三動成坤之後互體之離已毀。故曰毀離失位

或得其桷
也

釋文。栚引說文秦曰懷周謂之栚齊魯謂之栚_{六篇上·木部·懷解}

集解引虞翻注。巽為木。栚也。方者謂之栚。巽為交為長木艮為小木坎為脊離為麗小

木麗長木繩束之象脊之形栚桷象也。

祖緜按說文栚_{木六篇上·木}懷也。栚也從木角聲栚方曰桷春秋傳曰刻桓公之桷。_{桷部·木·懷也懷}

_{木部·}栚也三字連類及之義貫虞注是也。

婦妹

歸妹愆期遲歸有待

穀梁傳隱七年。叔姬歸于紀。范寧集解。引許慎曰姪娣年十五以上能共事君子可以往。

二十而御易曰歸妹愆期遲歸有待詩曰韓侯取妻諸娣從之祁祁如雲娣必少於嫡知

未二十而往也。

集解引虞翻注。愆過也謂二變三動之正體大過象坎月離日為期三變日月不見故愆

期坎為曳震為行行曳故遲也歸謂反三震春兌秋坎冬離夏四時體正故歸有時也。

祖緜按異義作待時。不守孟氏家法且時字虞以四時釋之。其不作待可無疑。

義四時體正即說卦傳帝出乎震一章之卦位與虞注後天而奉天時注合宋人後天

卦位亦合。可知後天之說乃漢人之舊說非宋人所創也。

士刲羊

說文刲。（刀部篇·下）刺也。从刀圭聲易曰士刲羊。

集解引虞翻注刲刺也震爲士兌爲羊離爲刀。故士刲羊。

祖緜按說文有刺無剌張惠言以爲剌卽刺也。

豐

虞翻注佚。

釋文尻孟作稷。

日中則厢

釋文尻孟作稷。

祖緜按說文稷。（禾部篇·上）齋也。五穀之長。从禾㚔聲。榖梁傳定十五年戊午日下稷乃克葬。范寧集解稷尻也。下尻謂哺時尻稷聲通尻古文也公羊傳作吳何休解詁與范寧同說文厢日尻之離。則孟作厢不作稷也釋文引易曰日厢之離。則孟作厢不作稷也。釋文引孟作稷疑後人竄改之本江藩周易述補以稷爲古文誤也酈閣頌劬勞旁日稷兮尻作稷是隸文足證非古文也。

太炎先生新出三體石經攷四十八云日中吳吳作㫬。按說文繫傳吳部有吳日部有

二六

厄。大徐本有厄無吳反以吳爲俗字誤也字本从矢古文變從大者猶吳字古文作𡚾。

亦變矢爲大也今尚書陸孔本皆作吳不作厄蓋相承如此其說是也。

日中見斗

釋文見斗孟作見主。

集解引虞翻注噬嗑離爲見象在上爲日中艮爲斗斗七星也噬嗑艮爲星爲止坎爲北。

中巽爲高舞。星止於中而舞者北斗之象也離上之三隱坎雲下故日中見斗。

祖縣按以虞證孟虞作斗不作主也中巽之中指互體言高說卦傳巽爲高舞取象不

可攷或卽巽爲進退之意爾。

豐其屋

說文寷(宀部下)。大也易曰豐其屋釋文引說文作寷云大屋也。

集解引虞翻注豐大蔀小也三至上體大壯屋象故豐其屋謂四五已變上動成家人大

屋見則家人壞故蔀其屋與泰二同義。

祖縣按釋文引說文文異許儞易豐其屋仍作豐不作寷豐會意也

天際翔也

集解引孟喜曰天降下惡祥也。

祖緜按集解引孟氏說惟此與陰疑於陽必戰而已際孟釋降翔作祥左昭十八年傳

鄭之未災也里析告子產曰將有大祥民震動國幾亡杜注祥變異之氣惡祥惡徵也。

闚其无人

釋文闚孟作窺。

集解引虞翻注闚空也。四動時坤爲闔戶闔故闚其戶。坤爲空虛。三隱伏坎中。故闚其无人。

祖緜按。虞翻亦作闚與孟異闚說文無李松林周易述補。依說文改闚闑部上。是也闚

氏目視也从昬門聲江藩从釋文作窒說文窒穴部篇下。塞也从穴至聲義不可通是宜

作窒窒說文穴部穴部空也詩曰瓶之窒矣作今聲詩。義始允恐釋文誤窒爲窒爾江氏不察未能

致正以窒而不通之窒作窒又曲從虞義以空解窒謬甚此句从闚从窒義均可通獨

窒不能通至闚係隸寫若此字作窒則闚字宜作窺葢闚闥類窺窒類也。

自藏也

釋文藏眾家作戕。

集解引虞翻注。謂三隱伏坎中。故自藏者也。

祖緜按。虞氏亦作藏。藏說文無。卽臧臧三篇下。字善也。从臣戕聲藏戕聲通。

巽

先庚三日

說文庸。用也。从用庚更事也。易曰先庚三日。三篇下。用部。

集解引虞翻注。震庚也。謂變初至二成離至三成震。震主庚。離爲日。震三爻在前。故先庚

三日謂益時也。動四至五成離。終上成震。震爻在後。故後庚三日也。

祖緜按。虞翻謂震庚也。因納甲震納庚也。是虞氏宗參同契。非宗孟氏也。

中孚

我有好爵吾與爾靡之

釋文好孟云好小也。又靡韓詩云共也孟同。

集解引虞翻注。靡共也。

祖緜按好虞注佚靡宗孟氏。

月幾望

幾晁氏曰孟荀一行作既孟云十六日也說之案古文讀近爲既詩既近王霙是也此實
當作既。
集解引虞翻注。訟坎爲月。離爲日兌西震東月在兌二離在震三日月象對故月幾望。
祖縣按虞作幾不作既也虞以納甲釋不宗孟氏也。

既濟

婦喪其茀

釋文子夏作髴晁氏曰孟一行虞亦作髴云鬒髮也。
集解引虞翻注。髴髮謂鬒髮也。一名婦人之首飾坎爲玄雲故稱髴詩曰鬒髮如雲。
祖縣按虞氏注髴宗孟氏家法也。

襦有衣袽

說文絮。上·糸部·絜縕也。一曰敝絮从糸奴聲易曰需有衣絮又繻糸部·繒采色也从糸需聲。
十三篇
讀若繻有衣。
集解引虞翻注。乾爲衣故稱繻袽敗衣也乾二之至衣象裂壞故繻有衣袽。
祖縣按虞翻注繻不作需袽不作絮與許氏所偁全異惟說文繻字解讀若繻有衣義

法亦姝且同是一字萬無讀若之理或偽糸爲衣之誤宜作讀若襦有衣爾以象證之

按互體兌・爲毀折・敝絮也・離象・繪采色・則襦爲正字讀若二字疑後人改竄宜作易曰襦有衣也證之本

卦之濡其尾濡其首未濟之濡其尾濡其首襦與濡皆需之衍也自當從襦也

未濟

小狐汔濟

朱震漢上易傳引孟喜坎爲狐坎穴也狐穴居。

集解引虞翻注否艮爲小狐汔幾也濟濟渡狐濟幾渡而濡其尾未出中也。

祖緜按孟氏以坎爲狐虞氏以否艮爲小狐義不相同否者否與未濟皆三陰三陽之卦未濟由否而來未濟二五兩爻之變爲否是也治易好曲解此其大謬者也。

震用伐鬼方

晁氏曰震字漢名臣奏作祇孟京虞云震敬也一行同。

集解引虞翻注變之震體師坤爲鬼方故震用伐鬼方。

祖緜按虞氏注无釋震爲敬之文且震由變之而來以互卦釋也晁氏之說不足據也。

《周易孟氏學》《周易孟氏學遺補》《孟氏易傳授考》合刊

後學　潘承弼　初校

　　　男　延國　覆校

　　　　弟子　徐　復
　　　　後學　屈懷白　再覆校

周易孟氏學卷下

杭縣沈祖緜撰

繫辭上

釋文辭本亦作詞依字應作詞說也說文云詞者意內而言外也辭不受也受辛者辭

繇文𦥯字也。

祖緜按詞說文誒言部‧三篇‧下‧可惡之辭段氏改辭爲詞注云詞各本作辭誤今正詞者意內而言外也辭說文‧十四篇‧辛部‧不受也從受辛宜辭之也繇繇文𦥯又辭說也從𠔿辛𥮗辛猶理辜也詞繇文辭從司治許學者皆以德明釋文网引傳寫皆有譌奪且從段氏改辭爲詞以各本作詞爲誤殊非也辭詞古人通用如孟子拒楊墨放淫辭又淫辭知其所陷淮南子氾論篇高注孟子受業于子思之門塞楊墨淫詞是也有同書而辭詞互用者如楚辭漢書王褒傳作楚詞朱買臣傳作楚詞是也又如楚辭離騷就重華而敶詞九章抽思茲歷情以陳辭兮九章抽思結微情以陳詞兮則皆作詞也離騷就重華而敶詞九章抽思一章之中辭詞互用可證古人通用因馬國翰輯孟氏章句以釋文引說文卽以爲孟氏章句也故及之。

《周易孟氏學》《周易孟氏學遺補》《孟氏易傳授考》合刊

八卦相盪

釋文盪衆家作蕩唯韓云相推盪。

集解引虞翻注。旋轉稱摩薄也乾以二五摩坤成震坎艮坤以二五摩乾成巽離兌故剛柔相摩則八卦相盪也。

祖緜按韓作盪疑從費氏然釋文馬亦作蕩馬事費氏易則蕩衆家皆然也。

鼓之以雷霆

釋文霆者雷之餘氣挺生萬物也說文同。

集解引虞翻注。雷震霆艮。

祖緜按霆今本說文下十一篇·雨部。作雷餘聲鈴鈴所以挺生萬物從雨廷聲藝文類聚二引。物字下有也字與釋文引義同而字稍異馬國翰因說文輯入孟氏章句故錄之。

是故君子所居而安者易之象也

集解引虞翻注。君子謂文王象謂乾二之坤成坎月離日日月爲象君子黃中通理正位居體故居而安者易之象也舊讀象誤作厚或作序非也。

祖緜按虞氏注舊讀稱孟氏家法也或指他家本也。釋文序。陸云象也京云次也虞本

作象則象字爲虞氏所竄可證細繹注言則孟作厚京作序也虞氏據參同契日月爲
象改厚爲象爾參以虞氏在天成象句其說自明

所樂而玩者爻之辭也

集解引虞翻注爻者言乎變者也謂乾五之坤坤五動則觀其變舊作樂字之誤。
祖緜按虞氏所謂舊說卽孟氏說也釋文樂音岳適會也虞本作所變下文樂天知命
故不憂樂天釋文虞作變天義更迁矣。

言天下之動而不可亂也

集解引虞翻注以陰動陽萬物以生故不可亂六二之動直以方動舊誤作嘖也。
祖緜按舊說卽孟氏家法也釋文云眾家本皆然鄭本作至嘖云嘖當爲動九家亦作
動鄭作嘖本孟氏也孜釋文紋錄云孟喜章句十卷氏氏作十卷疑後人附益按漢書藝文志作二篇陸無上經。
七錄云又下經無旅至節無上繫則上繫已佚陸氏所謂眾家本無孟氏可知鄭玄作
嘖从孟氏疑當時書雖佚而師說猶存也。

撲之以四

說文撲十二篇上・手部・閱持也从手枼聲釋文引說文同。

虞翻注佚。

再扐而後掛

說文扐_{上手部}。易筮。再扐而後卦從手力聲。釋文引馬鄭荀柔之說未及說文。

集解引虞翻注謂已一扐復分掛如初扐并掛左手次小指間爲再扐。則

再閏也又分扐揲之如初而掛左手第三指間成一變則布掛之一爻謂已二扐又加一

爲三扐重合前二扐爲五歲故五歲再閏再扐而後掛此參五以變據此爲三扐不言三

閏者閏歲餘十日五歲閏六十日盡矣後扐閏餘分不得言三扐二閏故從言再扐而後

掛者也。

祖緜按釋文掛京作卦云再扐而後布卦與說文解同說文无掛字卽掛也。儀禮特牲

饋食禮賓於左袂挂於季指少牢饋食禮挂於季指注皆曰古文挂作卦則挂係今文。

掛隸俗也。

天一

說文一_{一部首一篇上}惟初太極道立於一造分天地化成萬物凡一之屬皆从一。

集解引虞翻注。水甲

祖緜按許氏解。一人以爲玄言非也說文始一終亥皆言數道立于一。即數之始也虞

氏注。水一曰水天數也言天一生水于北也又地六成水於北與天一幷地六與天一

匹也。○甲爲幹之首虞氏注。上一字言五行下一字言幹也不可幷而讀之。

地二

說文二。十三篇下·部首。地之數也从耦凡二之屬皆从二。

集解引虞翻注火乙

祖緜按說文解侕孟氏也虞氏注。火二曰火地數也言地二生火于南也又天七成火

于南與地二幷天七爲地二耦也○乙爲幹之二。

天三

說文三。一篇上·部首。數名天地人之道也於文一耦爲三成數也凡三之屬皆从三。

集解引虞翻注木丙

祖緜按許氏解三言三之理虞氏注。木三曰木天數也言天三生木於東又地八成木

于東與天三幷地八爲天三四也。○丙爲幹之三。

地四

說文。[四下·十四篇首]陰數也象四分之形凡四之屬皆从四。

集解引虞翻注金丁。

祖緜按按許氏謂陰數即地數也虞氏注金四曰金地數也言地四生金于西也又天九成金于西與地四并天九與地四耦也○丁為幹之四。

天五

說文。[五下·四篇首]五行也从二陰陽在天地交午也。[按說文午·仵作相背之意·凡五之屬皆屬五]

集解引虞翻注土戊。

祖緜按說文釋五為五行虞氏注土戊立說大小不同虞注不能包括全體也土五曰土天數也言天五生土於中也又地十成土於中與天五并故地十與天五四也○戊為幹之五。

地六

說文。[六下·十三篇首]易之數陰變於六正於八从入八凡六之屬皆从六。

集解引虞翻注水己。

祖緜按說文侸易之數其為孟氏家法無疑由此可推自一至十侸易數為多也虞氏

注。水言地六成水于北與天一并。合之地六為天一四也。○己為幹之六以十幹而論。

己之次序在六非以生成論也虞氏以五行十幹并論誤矣。

天七

說文。七。十四篇下‧部首‧陽之正也。从一。微陽从中衺出也。凡七之屬皆从七。

集解引虞翻注火庚。

祖緜按虞氏注火言天七成火于南與地二并。合之天七為地二耦也。○庚為幹之七。

地八

說文八。二篇上‧部首‧別也。象分別相背之形凡八之屬皆从八。

集解引虞翻注木辛。

祖緜按說文解八之體。乾鑿度曰陰以八為象。白虎通嫁娶陰數八解八之用也。虞氏注木言地八成木于東與天三并。合之地八為天三四也。○辛為幹之八。

天九

說文九。十四篇下‧部首‧陽之變象其屈曲究盡之形凡九之屬皆从九。

集解引虞翻注金壬。

祖緜按言陽之變。惟易有之是說文以易釋九也虞氏注。金言天九成金于西與地四

丼合之天九與地四耦也。○壬爲幹之九。

地十

說文。十。三篇上、部首。數之具也。一爲東西。丨爲南北則四方中央備矣凡十之屬皆從十。

集解引虞翻注。土癸○此則大衍之數五十有五著龜所從生聖人以通神明以類萬物之情。

祖緜按說文解十指易言淺人不察以爲通論誤矣虞氏注。土言地十成土與中與天五丼合之地十與天五四也。○癸爲幹之十。○虞氏又謂大衍之數五十有五誤也。

易繫傳曰大衍之數五十非五十也漢書律歷志以五乘十大衍之數也以五乘十是五十亦非五十也天一地二天三地四天五地六天七地八天九地十相丼（數按天一、五。天三、五。天五、天七、天九。此天數五。）

得五十有五。此五十有五。由天數五（地數五）地數五（地按地二、地四、地六、地八、地十。此地數五也。五數相丼得五十有五也。）

天一至地十。而以天幹附會實肊說也此節文有錯簡章句既亂誤解因之天一地二

一節當在天數五地數五之下方能上下貫通無扞格之患矣虞氏注。天一水。地六水。

卽一六合水也。地二火天七火卽二七合火也。天三木地八木卽三八合木也。地四金天九金卽四九合金也。天五土地十土卽五十合土也。此之所謂天地者卽天數五地數五也。與甲乙丙丁戊己庚辛壬癸日幹異蔡邕月令章句云大撓採五行之情占計機所建也始作甲乙以名日謂之幹作子丑以名月謂之支則幹爲日幹盡人知之不能與天數五地數五相混也或以爲虞氏以幹解之者乃納甲之眞理益誤矣天一水甲可以曲解乾納甲。（納甲·按甲數一·六合乾水也。）地二火乙可以曲解坤納乙。（納乙·按乙數二·坤納乙二·坤數二七）天三木丙可以曲解艮納丙。（納丙·按艮數三·八合木也。）至丁戊己庚辛壬癸不能曲解矣。張惠言以日行青道甲一乙二日行赤道丙三丁四日行黃道戊五己十日行白道庚七辛八日行黑道壬九癸十於虞氏納甲之外益以四方中央以解日幹雖易道廣大無所不包然亦有範圍在焉今張氏持曲成之說置範圍天地之化而不顧未免悖矣。虞氏注五位得相而各有合句云五位謂甲乾乙坤相得合木謂天地定位也丙艮丁兌相得合火山澤通氣也戊坎己離相得合土水火相逮也庚震辛巽相得合金雷風相薄天壬地癸相得合水言陰陽相薄而戰乎乾也故五位相得而各有合或以一六合水二七合火三八合木四九合金五十合土虞氏於此注上說言五

《周易孟氏學》《周易孟氏學遺補》《孟氏易傳授考》合刊

行。仍以納甲立說以生成立說游移兩可與天一水甲之說等爾不知甲乙等日

幹之說。與天數地數毫不相涉因天一至地十本陰陽狀柔剛紀於一協於十乾知大

知坤作成物言也故以天地二字形容之是天地之數本於陰陽非甲乙丙丁戊己庚

辛壬癸所能盡之者也。欲知其理可參大戴禮明堂篇六一八。句七五三。句二九四。句

一節。此九宮術是也。參同契曰青（按甲乙即）赤（按丙丁即）白（按庚辛即）黑（按壬癸即）同而與九宮之色又異壹一（用四方四時。一）（用八卦八方。也）

之數皆五也已居中宮以減生成之數。中宮仍為五。所謂中五立極是也。餘皆對宮之

數。故說文戊（十四篇下部首）各居一方皆稟中宮。（按中宮即己也）戊己之功是也故戊居中宮以減生成

形也。其說是也。可知生成之數須於天一地二節求得之。不能於日幹次序求得之也。中宮也象六甲五龍相拘絞也己（十四篇下部首）中宮也象萬物辟藏詘

總之此節章句須在天數五地數五一節之下於義始順

天垂象見吉凶

說文引見賁象。

虞翻注佚。

繫辭下

繫辭焉而命之

釋文。命孟作明。

集解引虞翻注謂繫彖象九六之辭故動在其中鼓天下之勸者存乎辭者也。

祖緜按虞氏注未解命字不能與孟氏互證。

夫乾確然

說文崔□三篇下。高至也从隹上欲出冂易曰夫乾崔然釋文確然馬韓云剛貌說文高至

集解引虞翻注陽在初弗用確然无爲潛龍時也。

祖緜按說文有崔無確釋文作確不作崔也乾文言亦作確虞氏注亦作確不作崔字。

皆从俗故鳥之白者曰雚。白部。即鸛字。牛之白者爲犉。上·牛部。皆从崔論語公冶長

篇猶吾大夫崔子也王充論衡別通篇作猶吾大夫高子也釋文崔子魯讀崔爲高今

从古則崔亦義崔也

夫坤隤然

釋文隤然孟作退。

集解引虞翻注隤安。

祖緜按虞氏作隤與諸本同。不作退也。說文隤。下·十四篇·下·𨸏部。下隊也。從𨸏貴聲。下隊與上文乾崔然高至相對釋文所舉孟氏作退釋名釋言語退墜也則退與隤皆有隊義且聲亦通惟虞氏以安釋隤非也。

聖人之大寶曰位

釋文大寶孟作保。

祖緜按說文保八·八篇·上·人部。養也。从人从𤓷省𤓷古文𤓷承古文保保古文保不省。一切經音義九保古文𤓷𤓷保三形同公羊隱元年解詁疏寶者保也左傳莊六年經齊人來歸衞俘疏寶或作𠊊字與俘相似寶保形似而譌也。其說是也。

古者庖犧氏之王天下也

釋文庖孟京作伏犧孟京作戲伏服也。戲化也。集解引虞翻注謂庖犧觀鳥獸之文則天八卦效之易有太極是生兩儀兩儀生四象。四象生八卦。八卦乃四象所生非庖犧氏之所造也。故曰象者象此者也。則大人造爻象以像天。卦可知也。而讀易者咸以爲庖犧之時天未有八卦恐失之矣。天垂象。見吉凶聖人象之。則天已有八卦矣。

祖緜按虞氏注亦作庖犧與孟氏異說文网部首·七篇·下

解亦作庖犧氏與孟氏作伏戲異 云讀若易宓羲

疑伏戲係京房說漢人以孟京並提以京氏說入孟氏偁 又夒十大部·篇·下

氏與网字解異至庖犧氏之稱諸書不一或炮犧或伏羲或宓羲或宓 牛二部·篇·上

戲或伏戲竝同惟說文犧 宗廟之牲也從牛聲羲買侍中說此非古字是可證

許氏偁犧從俗也尚書序釋文伏古作虙又引張楫字詁義古字戲今字禮記月令注

大皞宓犧氏疏宀下著必是古之伏字則庖犧氏以書序說文字詁禮疏正之宜作宓

義也

以佃以漁

說文网部首·七篇·下 庖犧氏所結繩以田以漁也 依廣韻太平御覽補段本增以田二字·云從門下象奻交文凡网

之屬皆從网

集解引虞翻注坤二五之乾成離巽爲魚坤二稱田以罟取獸曰田故取諸離也

祖緜按漁本亦作魚古通佃說文虞注皆作田是其本字

揉木爲耒

釋文爲耒引說文耕曲木垂所作說文耒四部·篇·下 耕曲木從手推丰古者垂作耒枱以振

民也。凡未之屬皆从未。

集解引虞翻注否四之初也巽爲木爲入艮爲手乾爲金手持金以入木。故斷木爲耜耜

止所蹂因名曰耜艮爲小木手以撓之故揉木爲未未耜籽器也。

祖絲按釋文引說文耜曲木與今本未耕曲木也異枱卽耜字也說文無耜枱爲古

文耜說文枱[木部·六篇上]未耑木也。[按木字从莫友芝唐寫本說文解字增]从木台聲。

未耜之利

釋文孟云耒除草。

集解引虞翻注未釋耨。

祖絲按虞氏注未及耨不能與孟氏互證說文无耨字卽薅與槈也。薅[蓐部·一篇下]披艸也。

从蓐好省聲槈[木部·六篇上]薅器也从木辱聲未耨之利之耨當从槈也。

服牛乘馬

說文牅[牛部·二篇上]易曰牅牛乘馬从牛葡。

集解引虞翻注巽爲繩繩束縛物在牛背上故服牛。

祖絲按牅虞氏作服與孟氏異集韻牅通作服詩鄭風叔于田巷無服馬箋服馬猶乘

馬也。後漢書皇甫嵩傳注幬古服字又儀禮特牲饋食禮尸備答拜焉注古文備爲復。

則服與復通。

重門擊柝

說文柝，木部·六篇·上·判也。从木㡿聲易曰重門擊柝又橐，木部·木·橐夜行所擊者从木橐聲易曰重

門擊柝。按閩氏·均作㯫·釋文出㯫不

虞翻注佚。

祖緜按說文无柝係柝之省隸文也㯫橐兩用㯫從周禮也。閩按契靈氏修㯫

出㯫。㯫唐寫本作橐誤也淺人不察以橐从木故去木以㯫有爾木也說文橐六篇·下

囊也从㯫省石聲非从木也詩斯干釋文㯫本作柝亦誤陸氏又誤引之爾

上棟下宇

說文宇，七篇·宀部·下·屋邊也从宀亏聲易曰上棟下宇。

集解引虞翻注乾爲高巽爲長木反在上爲棟震陽動起爲上棟宇謂屋邊也兌澤動下

爲下宇。

祖緜按虞氏注宇謂屋邊也與說文同是宗孟氏家法。

古之葬者厚衣之以薪

說文葬。茻部·一篇·下。臧也。从死在茻中。一其中。易曰古之葬者厚衣之以薪茻亦聲又宋 篇 上·人 八·人

部。問終也。从人弓古之葬者厚衣之以薪象人持弓會敺禽。

集解引虞翻注。中字上下易象也。本无乾象。故不言上古大過乾在中。故但言古者巽為

薪艮為厚乾為衣為野乾象在中。故厚衣之以薪。

祖緜按以虞氏法證說文義未合。

後世聖人易之以書契

說文契。大部·十篇·上。大約也。从大㓞聲易曰後世聖人易之以書契。

集解引虞翻注聖人謂黃帝堯舜也夬㫙通剝剝坤為書兌為契故易之以書契。

祖緜按虞氏以象解書契字孟氏家法然否不可攷矣九家易曰夬本坤世下有伏坤。

書之象也。上又見兌契之象也似虞氏襲九家易也

象也者像也

釋文眾家並云像擬也孟京虞董姚還作象。

虞翻注佚。

祖緜按。虞氏注今佚釋文云。虞作象。蓋陸氏時其注猶未佚也。

天地絪縕

說文壺。十部篇下。壹壺也。从凶从壺。壺不得渫也。易曰。天地壹壺。

集解引虞翻注謂泰上也。先說否否反成泰。故不說泰。

祖緜按說文引易係孟氏章句。虞氏注釋泰否以否閉塞求合壺不得渫未免穿鑿。

雜而不越

說文越。辵部篇下。踰也。从辵戉聲。易曰。雜而不越。

虞翻注佚。

而微顯闡幽

說文闡。門部篇下。十二。開也。从門單聲易曰闡幽。

集解引虞翻注神以知來。知以藏往微者顯之謂從復成乾。是察來也。闡者幽之謂從姤之坤。是章往也。

祖緜按而微顯闡幽證以上句章往而察來。句法不合。當作微顯而闡幽。方允。虞氏釋闡與說文不合。

說卦傳

幽贊於神明而生蓍

說文蓍。〔一篇下 艸部〕嵩屬生千歲三百莖易以爲數天子蓍九尺諸侯九尺大夫五尺士三尺。

从艸者聲釋文引同。

虞翻注佚。

祖緜按著生千歲三百莖千歲之說跡近怪誕豈讀書識理者所敢語哉段氏汲古閣

說文訂謂网宋本葉本皆作生十歲百莖其說尚近理段以爲非也殊不知事物之理

也。

參天兩地而倚數

說文网。〔七篇下 网部首〕再也从冂从易曰參天兩地凡网之屬皆从网。

集解引虞翻注倚立參。也謂分天象爲三才以地网之立六畫之數故倚數。

燥萬物者莫熯于火

說文熯。〔七篇上 日部〕乾也耕暴田曰嘆从日堇聲易曰燥萬物者莫暵乎火。

虞翻注佚。

祖緣按。釋文燠王肅云呼曰反火氣聲徐本作燤。晉漢熱燠也。說文同。燠說文大十部上。

乾兒。從火漢省聲詩曰我孔燠矣。暵燠字雖分見義則同爾。

坤順也

說文羌。四篇上羊部。西南羌人僬僥從人。蓋在坤地頗有順理之性。

祖緣按。說文以坤順解羌字非僞本文也亦可證坤順之理。

集解引虞翻注純柔承天時行故順。

為龍

釋文龍如字。虞干作駹虞云倉色干云雜色。

集解引虞翻注龍作駹。蒼色震東方故為駹。舊讀作龍上已為龍非也。

祖緣按。虞氏所謂舊讀即孟氏家法也干寶文同而義異虞氏故龍為駹。先子駁之

曰見周易易解卷十。虞氏此說謂上已為龍非也。然如乾為天坤為地震為雷均上已為天為

地為雷亦均可謂之非乎。乾為天。虞氏雖无注至坤為地震為雷虞氏有注矣。先子

之言實足箴虞氏之膏肓也。虞氏改龍為駹。爾雅釋畜馬面顙皆白惟駹說文駹上十馬篇

部。馬面顙皆白也。從馬尨聲與爾雅同。惟與虞干義不相合。

為的顙

說文。旳明也。從日勺聲易曰為旳顙。又駒。_{七篇·上日部}十篇·上馬部。白額也。從馬勺聲一曰駿也易曰為駒顙又狠。火部十篇·上。望見火兒從火艮聲讀若駒顙之駒。

集解引虞翻注。旳白額也。震體頭在口上白故旳顙詩曰有馬白顚。_{顙曰顚釋文旳是也按}。

祖緜按今本作旳說文无儞雅釋畜駒顙白顚亦作旳顙也說文旳係艮借駒係正字。如狠讀若駒顙之駒是明證也。

為狗

集解引虞翻注。狗作拘謂屈言制物故為拘拘舊作狗上已為狗字之誤。

祖緜按舊作狗孟氏易也作拘係虞氏擅改師法也。

為黔喙之屬

說文。黔_{十篇·上黑部}。黎也從黑今聲秦謂民為黔首謂黑色周謂之黎民易曰為黔喙。

虞翻注佚。

為巫

說文祝_{示一部·下}。祭主贊辭者從示從儿口一曰從兌省易曰兌為口為巫。

爲羊

集解引虞翻注乾爲神兌爲通與神通氣女故爲巫。

集解引虞翻注羊作羔羊女使。皆取位賤。故爲羔舊讀以震驌爲龍艮拘爲狗兌羔爲羊。皆已見上此爲再出。非孔子意也震已爲長男父言長子謂以當繼世守宗廟主祭祀故詳舉之三女皆言長中少明女子各當外成故別見之此其大例也。

祖縣按虞氏所謂舊讀實孟氏家法也王引之經義述聞云羔爲羊子書傳無訓女使是也。 先子謂男與子古无別虞氏以長子三女再出曲解爲釋此攷章之言象取其可見之物在孔子表而出之何嘗訂定體裁如乾天坤地震雷巽風坎水離火艮山兌澤皆再出也乾君離日乾馬坤牛兌口亦皆再出也(中略)此象羊字仍不如從兌爲羊之爲得也虞氏擅改經文。 先子箴之是也。

說卦逸象

惠棟易漢學曰荀九家逸象三十有一見陸氏釋文朱子采入本義虞仲翔傳其家五世孟氏之易八卦取象十倍于九家取象共三百三十一張惠言虞氏義曰蓋孟氏所傳也。

祖縣按虞氏逸象皆采諸卦爻十翼未免過拘孟氏家法然否不可攷。

雜卦傳

釋文引孟云。雜亂也。

孟氏易傳

祖緜按漢書藝文志孟氏京房十一篇章句孟氏二篇王應麟曰釋文序錄云孟喜章句十卷京房章句十二卷晁氏云今其章句亡乃略見於僧一行及李鼎祚之書至二卷與十一卷疑後人誤以章句易傳合而爲一矣。

王應麟困學紀聞朱新仲引一行易纂孟喜序卦云陰陽養萬物必訟而成之君臣養萬物亦而訟成之。

祖緜按孟喜之序卦與易之序卦傳異此疑孟氏易傳文。

正義引子夏傳云雷以動之風以散之萬物皆益孟僖亦與此同。

祖緜按孟喜正義作孟僖列風雷益下疑孟氏易傳中語也。

孟氏章句

祖緜按唐一行太衍議及六卦曆議云引孟氏章句。細按其文非也漢書儒林傳孟喜得易候候即七十二候耳。藝文志有孟喜京房災異似候常在災異中非章句也。

唐大衍曆議云十二月卦出于孟氏章句其說易本於氣而後人事明之

一行六卦議引孟氏章句曰自冬至初中孚用事一月之策九六七八是爲三十而卦以

地六候以天五五六相成消息一變十有二變復初坎離震兌二十四氣次主一爻其初

則二至二分也坎以陰包陽故自北至微陽動於下升而未進 按一本進作遑誤 極于二月凝涸

之氣消坎運終爲春分出於震始據萬物之元爲主於內則羣陰化而從之極於南正而

豐大之變窮震功究焉離以陽包陰故自南正微陽生於地下積而未章至於八月文明

之質衰離運終爲仲秋陰形於兌始循萬物之末爲主於內羣陰降而承之極於北正而

天澤之施窮兌功究焉故陽七之靜始於坎陽九之動始於震陰九之靜始於離陰六之

動始於兌故四象之變皆兼六爻而中節之應備矣

祖緜按此以坎離震兌爲方伯坎冬離夏震春兌秋爲司令一卦之變爲六四卦之變

爲二十四即二十四中氣也例如十一月中爲冬至十二月節爲小寒五月中爲夏

至六月節爲小暑是也漢書儒林傳謂孟氏得易家候此即候又謂之卦氣一行以爲

章句非也唐時孟氏之書已佚後人不能蠡正以孟氏之說盡入章句中爾至七十二

候一行李溉輩皆以爲孟氏所傳亦非也其說在孟喜前者有夏小正逸周書呂氏春

秋十二紀若云孟喜得之古籍則可以爲出自孟氏則不可也。

說文僞易者言大要有數事如易部九篇下。蜥易蜓蝘守宮也象形秘書說日月爲易象陰

陽。一曰从勿凡易之屬皆从易。

祖緜按。易出參同契虞翻注易字亦云引參同契日月爲易許氏所偁秘書疑

參同契亦秘書之一種也。

說文彖彖部九下。按今世字誤以豕爲彖以彖爲象何以明之爲啄琢从豕蠡从彖皆取其

聲以是明之。

說文爻爻部三下。交也象易六爻頭交也。

說文筮竹部五上。易卦用筮也从竹龏龏古文筮字。

說文卦卜部三下。所以筮也从卜圭聲。

說文卟卜部三下。易卦之上體也商書曰曰貞曰卟。

祖緜按卟與悔吝之悔古異卟从卜悔从心今尚書左傳皆作悔後人傳寫之誤也悔。

說文悔心部十下。恨也从心每聲。與卟異。

說文物牛部二上。萬物也牛爲大物天地之數起於牽牛故从牛勿聲。

《周易孟氏學》　《周易孟氏學遺補》　《孟氏易傳授考》合刊

祖緜按。古時牽牛起於子。故天地之數。起于牽牛。今則星移斗換已在斗舍矣。

說文風。部首。十三篇。八風也。東方曰明庶風。東南曰清明風。南方曰景風。西南曰涼風。西方曰閶闔風西北日不周風。北方曰廣莫風。東北日融風從虫。凡聲。風動蟲生。故蟲八日而七。

凡風之屬皆從風。

祖緜按八風起於易緯通卦驗。與八卦名雖異而實同。春秋隱五年左氏傳夫舞所以節八音而行八風。孔疏八風八方之風服虔以為八卦之風。乾音石其風不周坎音革其風廣漠民音匏其風融震音竹其風明庶巽音木其風清明離音絲其風景坤音土其風涼兌音金其風閶闔服虔說皆依卦位之次第。後按宋人卽後天卦位也。服起於乾依九宮也。許起於震依說卦傳帝出乎震也虫八日而七。大戴禮易本命篇淮南子時則篇孔子家語執轡解皆曰二九十八八主風風為蟲故蟲八日而生。

說文悴。心部。十篇下。惷也從心卒讀與易萃卦同。

後學　潘承弼　初校

　　　男　延圖　覆校

　　　　　　後學　徐復
　　　　　　弟子　屈懷白　再覆校

周易孟氏學補遺

杭縣沈祖緜民撰

坤

陰疑於陽必戰

集解孟喜曰。陰乃上薄疑似于陽必與陽戰也。

祖緜按說卦傳戰乎乾乾西北之卦也言陰陽相薄也虞翻注曰乾剛正五月十五日。

晨象西北故西北之卦也薄入也坤十月卦乾消剝入坤故陰陽相薄也張惠言曰說卦曰戰乎乾謂陰陽相薄也坤上六兼有羣陽與乾合體戰而相薄乃能北震陰不與陽同盛不能受化也虞疑爲凝坤注云凝乾之元與象傳謂陰始凝合此虞發明孟氏之大者也張氏之說誤也虞氏注坤元亨利牝馬之貞云謂陰極陽生乾流坤形坤含光大。凝乾之元是指一卦言非言上六龍戰于野其血玄黃也至陰疑于陽必戰虞氏注佚。釋文疑荀虞姚信蜀才皆作凝足徵孟氏不作凝也且孟氏注用似字益可信作疑不作凝也。

蒙

包蒙

李富孫周易集解補引晁氏苞孟京作彪孟喜曰彪文也。

集解引虞翻注坤爲包應五據四初與三四同體包養四陰故包蒙吉。

祖緜按此李氏誤引虞作包若孟氏作彪虞氏必云舊讀爲包者也今虞氏未云則可

證孟亦作包也釋文包作苞鄭云苞當作彪文也晁氏曰京房陸績一行皆作彪文也。

是李氏以漢時孟京並稱以京說爲孟說爾。

艮

厲薰心 見卷中二十五頁

漢上易傳五。孟喜京房馬融王肅作薰。

祖緜按虞翻本作闌注古闌作薰字虞氏所謂古與舊同古是指孟喜本言也。

豐

遇其配主

漢上易傳六。配者。陰陽相匹。孟氏鄭氏本作妃。嘉耦曰妃。妃媲也亦匹配之意。

集解引虞翻注妃嬪謂四也。四失位在震爲主五動體遘遇故遇其配主也。

祖緜按。孟虞義同。

巽。

顨說文。
五篇上 部 TT 巽也。从TT从頭。此易顨卦爲長女爲風者。

繫辭下

於是始作八卦

集解引虞翻注謂庖犧觀鳥獸之文。則天八卦效之易有太極是生兩儀兩儀生四象四象生八卦八卦乃四象所生非庖犧之所造也故曰象者象此者也則大人造爻象以象天卦可知也而讀易者咸以爲庖犧之時天未有八卦恐失之矣天垂象示吉凶聖人象之則天已有八卦之象。

祖緜按虞氏所謂咸似傳施孟梁丘三家之說者皆在其中矣則孟氏亦以八卦非庖犧氏所造也

刳木爲舟剡木爲楫

舟說文。
八篇下 部 船也古者共鼓貨狄。剡木爲舟剡木爲楫以濟不通象形凡舟之屬皆从舟。

《周易孟氏學》《周易孟氏學遺補》《孟氏易傳授考》合刊

祖緜按。虞翻注佚。不能互證說文雖未引易。而與繫辭同。山海經郭注云出世本共鼓

貨狄人名。

孟氏易傳

正義序引孟喜曰易分上下二篇。

許氏偁易

檢說文。木部篇上。說見卷上亢龍有悔條。

幨說文。巾部七篇下。說見卷上亢龍有悔條。

惢說文。心部十篇下。心疑也从三心聲讀若易旅瑣瑣。

後學　潘承弼　初校

男　延國　覆校　後學　徐復

弟子　屈懷白　再覆校

孟氏易傳授攷

杭縣沈祖緜民撰

昔孔子傳易於商瞿。

史記仲尼弟子列傳商瞿魯人字子木少孔子二十九歲孔子傳易於瞿。

又有若傳商瞿年長無子其母爲取室孔子使之齊瞿母請之孔子曰無憂瞿年四十後

當有五丈夫子已而果然正義曰家語云魯人商瞿使向齊國瞿年四十今後使行遠路畏慮恐

四十曾有五丈夫子果然中備云魯人商瞿年四十無子母欲更娶室孔子曰瞿年過

絕無子夫子正月與瞿母筮告曰後有五丈夫子子貢曰何以知子曰卦遇大畜艮之二

世九二甲寅木爲世立（按係九五景誤·五景按景即字）子水爲應世生外象（按外卦·生象來交生互

内象艮別子應有五子一子短命顏回云何以知之内象是本子一艮變爲二醜（按四也·頤）三。

陽爻五於是五子一子短命何以知短命他以故也。

祖緜按正義引中備文有脫誤中備易緯作辨終備永樂大典本無其文。

又儒林列傳自魯商瞿受易孔子孔子卒商瞿傳易六世至齊人田何索隱曰案商姓瞿

名字子木瞿音劬漢紀成帝紀二同。

《周易孟氏學》《周易孟氏學遺補》《孟氏易傳授考》合刊

一

乾坤鑿度。孔子附仲尼魯人生不知易本偶筮得旅。請益於商瞿氏曰子有聖智而無位。

孔子泣而曰天也命也鳳鳥不來。河無圖至鳴呼天命之也歎訖而後息志停讀禮止史。

削五十究易作十翼明也易幾致若曰終日而作思之於古聖頤師於姬昌法曰作九。

問十惡七正八歎上下繫辭大道大數易書中爲通聖之問者以爲聖賢矣。

祖緜按乾坤鑿度此節列舉庖氏媧皇氏炎帝黃帝公孫氏周易孔子孔子之上僅有

人名書名惟孔子下則及商瞿事並增附字非正文可知係後人附錄也文有脫簡史

記孔子世家云孔子晚而喜易學易其在晚年矣或附字疑字字之誤孔子附仲尼係

孔子字仲尼也又思之於古聖頤之頤字頤係賢字

漢書儒林傳自魯商瞿子木受易孔子。顏師古曰商瞿姓也瞿音衢。

祖緜按索隱商姓瞿名小顏以商瞿爲姓義兩歧仲尼弟子列傳商瞿魯人字子木則

索隱是也

孔子家語七十二弟子解。商瞿魯人字子木少孔子二十九歲特好易孔子傳之志焉又

梁鱣年三十未有子欲出其妻商瞿曰未也昔吾年三十八無子吾母爲吾更取室夫子

使吾之齊母欲請留夫子曰無憂也瞿過四十當有五丈夫今果然吾恐子自晚生耳未

必少女之過從之二年而有子。

瞿傳楚人馯臂子弘。

史記仲尼弟子列傳馯徐廣曰音寒。正義曰馯音汗顏師古云馯姓也說文〔十篇・上・有馯〕〔馬部〕無馯馬突也從馬旱聲玉篇〔馬部・二十三〕馯馬突也同馯弘漢書及荀卿子皆云字仲弓此作弘蓋誤也應劭云子弓子夏門人。

祖緜按漢書作商瞿授魯橋庇子庸子庸授江東馯臂子弓。與史記異荀悅漢紀成帝紀二與漢書同。荀氏家世治易必有所據。

韓愈送王秀才文荀卿之書語聖人必曰孔子子弓子弓之事業不傳惟太史公書弟子傳有姓名字曰馯臂子弓子弓受易於商瞿。

祖緜按韓氏此說更不可據。

弘傳江東矯子庸疵。

史記仲尼弟子列傳正義曰漢書作橋庇云顏師古云橋庇字庸漢紀成帝紀二矯作橋。庇同漢書。

祖緜按史記授受之次第與漢書異因馯臂橋庇二人事蹟無可攷無以證明而二書

叙二人產地亦異庇。史記作疪。疪爾雅釋詁病也。說文广七篇下。解同庇爾雅釋詁蔭也。

說文广九篇下。解同庸說文用三篇下。用也莊子齊物論庸也者用也。則庸義與疪不連屬

當作庇也。庇爲比之挈。孔儀禮大射儀遂比三耦。注比選次之也。又鄉射禮遂以比三

耦于堂西注。比選次其才相近者也。莊子人間世隱將庇其所藾釋文庇崔本作比詩

雲漢箋人庇蔭其下者。釋文庇本作芘。則庇與比芘古通禮記王制必察大小之比以

成之注已行故事曰比。蓋有庸義矣。春秋左氏昭十六年傳庸次比耦。是可證庸比字。

相連屬。史記作疪疑後人所改。

疪傳燕人周子家豎。

史記仲尼弟子列傳。正義曰豎音時與反。周豎字子家。漢書作周醜也。

祖縣按史記作豎。正義作豎音通說文有豎無豎。豎臤三篇下。堅立也。从臤豆聲。而無豎

字。且周禮冢宰內豎。掌內外之通令。王引之春秋名字解詁云家猶內也是也。

漢書儒林傳子弓授燕周醜子家。荀悅漢紀成帝紀同。

豎傳淄于人光子乘羽。

史記仲尼弟子列傳。正義曰光乘字羽。括地志淄于國在密州安丘縣東三十里古之州

國武王封湣于國。

漢書儒林傳作子家授東武孫虞子乘荀悅漢紀成帝紀三同。

祖緜按史記湣于漢書作東武湣于今河南境東武今山東境相去甚遠且光羽與孫

虞姓字又異據漢書疑子家所授者係光羽孫虞兩人也。

羽傳齊人田子莊何。

史記仲尼弟子傳正義曰儒林傳田何字子莊。

又儒林傳漢與言易自淄川田生又曰孔子卒商瞿傳易六世至齊人田何字子莊。

漢書儒林傳子乘授田何子莊荀悅漢紀成帝紀二同儒林傳又曰漢與言易自淄川田

生。

祖緜按莊改作裝避明帝諱也、

祖緜又按齊召南曰案史記祇三商瞿傳易六世至田何未嘗言六世姓字也自橋庇

子庸至孫虞子乘皆班氏所補齊說謬矣史記儒林傳未見仲尼弟子列傳也

至商瞿傳易六世者是商瞿至田何宜以七世計之今據史記漢書商瞿至田何凡六

世中間脫一世與史記孔子卒商瞿傳易六世至齊人田何句法不合意者光羽與孫

虞實係二世否則終缺一世。史記仲尼弟子列傳注。正義曰。按商瞿至楊何凡八代其

說似信筆也。

漢書儒林傳及秦禁學易爲筮卜之書。獨不禁。故傳受不絕也。漢與田何以齊田徙杜陵。

號杜田生師古曰高祖用婁敬之言徙關東大族故何以舊齊田氏見徙也。初徙時末爲

杜陵。蓋史家本其地追言之也。又藝文志及秦燔書而易筮卜之事傳者不絕漢與田和

傳之。

祖縣按卜有二曰龜卜曰筮卜易者筮卜與龜卜絕不相同也。班氏言筮卜是也作卜

筮是卜與筮是二非一也。至易宜云筮卜之書若云卜筮之書則謬矣田何藝文志作

田和聲通。

皇甫謐高士傳田何字子莊齊人也。自孔子授易五傳至何。及秦書以易爲卜筮之書

獨不禁故何傳之不絕漢與田何以齊諸田徙杜陵。號曰杜田生以易受弟子東武王同

子仲洛陽周王孫丁寬齊服生等皆顯當世惠帝時何年老家貧守道不仕帝親幸其廬

以受業爲易者宗。

祖縣按史記商瞿傳易六世至齊人田何漢書同皇甫謐作五世與史記漢書相差一

世矣王同傳菑川人楊何。太史公談甞受易於楊何。載國粹學報第三十九期 劉師培司馬遷述周易義

何傳菑陽周王孫丁寬。

漢書儒林傳漢與田何以齊田徙杜陵田授東武王同子中。菑陽周王孫丁寬。服生皆

著易傳數篇。又藝文志易傳周氏二篇班固注字王孫也丁氏八篇班固注名寬字子襄。

梁人也。

祖緜按此敍孟氏授受源流不書王同子中及服生者因王服二氏與孟喜易說有別

也。

漢書儒林傳丁寬字子襄梁人也。初梁項生從田何受易時寬爲項生從者讀易精敏才

過項生逐事何學成何謝寬寬東歸何謂門人曰易以東矣寬至菑陽復從周王孫受古

義號周氏學景帝時寬爲梁孝王將軍距吳楚號丁將軍作易說三萬言訓故舉大誼而

已今小章句是也寬授同郡碭田王孫。王孫授施讎孟喜梁丘賀緜是易有施孟梁丘之

學。

又藝文志丁氏八篇班固注名寬字子襄梁人也。

後漢書儒林傳田何傳易授丁寬丁寬授田王孫王孫授沛人施讎東海孟喜瑯邪梁丘

賀。由是易有施孟梁丘之學。

寛復從同郡碭周王孫受古義。

周王孫事見前。又藝文志易傳周氏二篇。班固注。字王孫也。

丁寛授同郡碭田王孫。

祖緜按。田王孫見丁寛傳。

漢紀作槐里田王孫。

田王孫授孟喜。

漢書儒林傳孟喜字長卿。東海蘭陵人也。父號孟卿。善爲禮春秋。授后蒼疏廣。世所傳后氏禮疏氏春秋皆出孟卿。孟卿以禮經多春秋煩襍廼使喜從田王孫受易。喜好自稱譽。得易家候陰陽災變書。詐言師田生且死時枕喜膝獨傳喜諸儒以此耀之。同門梁丘賀疏通證明之曰田生絕於施讐手中時喜歸東安得此事。又蜀人趙賓好小數書後爲易飾易文以爲箕子明夷。陰陽氣亡箕子者萬物方荄茲也。賓持論巧慧易家不能難皆曰非古法也云受孟喜喜爲名之。後賓死莫能持其說喜因不肯仞以此不見信喜舉孝廉爲郎曲臺署長病免爲丞相掾。博士缺衆人薦喜上聞喜改師法遂不用喜喜授同郡白光少子沛翟牧子兄皆爲博士。繇是有翟孟白之學。

祖繇按孟喜與施讐梁丘賀雖同出田王孫之門。喜得易家候陰陽災異書其學說已與田王孫不同矣漢帝以喜改師法是明證也許愼五經異義引京孟說有本乾鑿度者乾鑿度候之一也至箕子之說喜在時已不肯仍後人強欲附會未免妄矣

又藝文志易經十二篇施孟梁丘三家易傳孟氏京房十一篇災異孟氏京房六十六篇。

章句施孟梁丘各二篇。

祖繇按以藝文志攷之不獨易傳孟與施梁丘異卽經與章句亦不同也。

又劉歆傳歆移書又曰往者博士書有歐陽春秋公羊易則施孟然孝宣皇帝猶廣立穀梁春秋梁丘易大小夏侯尙書義則相反猶並置之。

祖繇按以劉氏移書證之三家之易義則各異也。

隋書經籍志周易八卷漢曲臺長孟喜章句殘缺梁十卷又敍云梁丘施氏亡於西晉孟氏京氏有書無師。

釋文敍錄喜爲易章句。授同郡白光及沛翟牧又曰孟喜章句十卷。無上經七錄云又下經無旅至節無上繫。

孟喜授同郡白光少子。翟牧子兄。

漢書儒林傳京房受易梁人焦延壽。延壽云嘗從孟喜問易。會喜死房以延壽易卽孟氏

易翟牧白生不肯皆曰非也。劉向校書考易說。以為諸易家說皆祖田何楊叔丁將軍大

誼相同。唯京氏為異黨焦延壽獨得隱士之說。託之孟氏不相與同。

其後授受之次第不可攷者有梁竦。

後漢書梁竦傳竦字叔敬少習孟氏易。弱冠能教授。

袁良。　袁安。孫良　袁京。子安　袁敞。子安　袁彭。子京　袁湯。子安

後漢書袁安傳安字邵公汝南汝陽人也。祖父良習京氏易。平帝時舉明經。為太子舍人。

建武初至成武令。安少傳良學。又曰安子京。敞最知名京字仲譽習孟氏易。作難記三十

萬言。子彭字伯楚少傳父業。又曰彭弟湯字仲河少傳家學。諸儒稱其節。又袁敞傳敞字

叔平少傳易經教授。以父任為太子舍人。

　祖緜按習孟氏易者袁氏五世傳經與虞氏同。虞氏易集解引用之尠。袁京難記三十

萬言今欲求隻字亦不可得。集解注疏亦未輯錄。一語豈其書已久佚耶。安傳上封事

有云由（宋太尉由秉。耿秉。光祿勳）。實知舊議而欲背棄先恩夫言行君子之樞機賞罰理之綱紀。

一〇

易學經典文庫

引易惟此而已。

祖縣父按畢沅傳經表列袁閎閎彭之孫也閎本傳未言傳易經待攷。

宗資。

後漢書黨錮列傳注。引謝承書曰資少在京師習孟氏易歐陽尚書。

徐淑。

後漢書徐珍傳父淑度遼將軍有志於邊注引謝承書曰淑字伯進寬裕博學習孟氏易。

春秋公羊傳禮記周官善誦太公六韜交接英雄常有壯志。

洼丹。

後漢書儒林傳洼丹字子玉。原注·風俗通注音圭·南陽育陽人也世傳孟氏易。王莽時常避世教授。

專志不仕徒衆數百人建武初爲博士十一年爲大鴻臚作易通論七篇世號洼君通丹

學義研深易學宗之稱爲大儒。

鮭陽鴻。

後漢書儒林洼丹傳鮭陽鴻字孟孫亦以孟氏易教授有名稱永平中爲少府。

任安。

後漢書儒林傳任安字定祖廣漢縣竹人。少遊太學受孟氏易兼通數經。又從同郡楊厚。
學圖讖究極其術。時人稱曰欲知仲桓間任安。又曰居今行古任定祖學終還家教授諸
生。自遠而至。

蜀志秦宓傳注。益州耆舊傳任安廣漢人。少事楊厚究極圖籍游覽京師還家講授與董
扶俱以學行齊名。

祖縣按秦宓與任安習。宓亦言易嘗引易曰確乎其不可拔。又曰書非
史記周圖仲尼不采。又曰是故天下貞觀日月貞明。又曰僕文不能盡言言不能盡意。
何文藻之有揚乎。又曰虎生而文炳又曰河洛由文與六經由文起。君子懿文德采藻
其何有亦善易者也。惟確字孟作雀秦作確也。

華陽國志蜀志縣竹縣下。漢時任安定祖以儒學致。號侔洙泗。又廣漢士女傳任安字定
祖縣竹人也。家居教授弟子。自遠而至察孝及茂才公府辟公車徵皆不詣。卒布衣弟子
杜微何宗杜瓊皆名士至卿佐。

高士傳任安字定祖少好學隱山不營名利。時人稱任安曰任孔子連辟不就。

杜微。

杜瓊。

蜀志杜微傳微字國輔梓潼人也。少受學於廣漢任安。

華陽國志梓潼士女傳杜微字國輔涪人也任安弟子。

杜瓊。

蜀志杜瓊傳瓊字伯瑜成都人也少受學于任安精究安術。（中略）譙周問曰昔周徵君（按微君名罣。有傳。）以為當塗高者魏也其義何也瓊荅曰魏闕名也當塗而高聖人取類而言耳。又問周曰寧復有所怪耶周曰未達也瓊又曰古者名官職不言曹始自漢已來名官盡言曹吏卒言侍曹此殆天意也。

華陽國志蜀郡士女傳杜瓊字伯瑜成都人也。師事任安粗通經緯術藝為太常。

何宗。

蜀志楊戲傳。季漢輔臣贊何彥英注。彥英名宗蜀郡郫人也。事廣漢任安學精究安術與杜瓊同師而名問過之。

華陽國志蜀都士女傳何宗字彥英郫縣人也通經緯天官推步圖讖知劉備應漢九世之運讚立先主為大鴻臚方授公職。

夏恭。 夏牙子恭

後漢書文苑傳。恭字敬公梁國蒙人也習韓氏詩孟氏易講授門徒常千人子牙少習父

業。

虞光　虞成〔子光〕　虞鳳〔子成〕　虞歆〔子鳳〕　虞翻〔子歙〕

北堂書鈔一百二卷引會稽典錄虞歆字文蕭歷郡守節操高厲魏曹植爲東阿王。東阿

先有二十碑銘多非實植皆毀除之以歆碑不虛獨全焉。

吳書虞翻傳翻字仲翔會稽餘姚人也（中略）翻與少府孔融書幷示以所著易注。融答

書曰聞延陵之理樂〔按延陵事不可攷〕觀吾子之治易乃知東南之美者非徒會稽之竹箭也又

觀象雲物察應寒溫原其禍福與神合契可謂探賾窮通者也（中略）關羽既敗權使翻

筮之得兌下坎上節五爻變之臨〔按節之臨初爻四爻五皆變五係三之誤〕翻曰不出三日必當斷頭果如

翻言權曰卿不及伏羲可與東方朔爲比矣（中略）翻性疏直數有酒失權與張昭論及

神仙翻指昭曰彼皆死人而語神仙世豈有仙人權積怒非一遂徙翻交州雖處罪放而

講學不倦門徒常數百人。

祖絲按藝文類聚五十五。孔融荅虞仲翔書曰示所著易傳自商瞿以來舛錯多矣去

聖彌遠衆說騁辭曇〔按吳志無曇字〕聞延陵之理樂今〔按吳志無今字〕觀吾子之治易知〔按吳志知東·上有乃字〕

南之美者。非徒會稽之竹箭也。又觀象雲物察應寒溫原其禍福與神合契可謂探索

昭名想當來翔追縱前烈相見乃陳不復多陳。

案按作吳志·頤　易按作吳志·竊　易按作吳志·通者已。已按作吳志·方世清聖上求賢者梁丘以卦筮寧世劉向以洪範

裴松之注引翻別傳翻初立易注奏上曰臣聞六經之始莫大陰陽是以伏羲仰天縣

象而建八卦觀變動六爻為六十四以通神明以類萬物臣高祖父故零陵太守光少治

孟氏易曾祖父故平輿令成績述其業至臣祖父鳳為之最密臣先考故曰南太守歆受

本於鳳最有舊書世傳其業至臣五世前人通講多玩章句雖有秘說於經疏闊臣生遇

世亂長於軍旅習經於枹鼓之間講論於戎馬之上蒙先師之說依經立說又臣郡吏陳

桃夢臣與道士相遇放髮被鹿裘布易六爻撓其三以飲臣臣乞盡吞之道士言易道在

天三爻足矣豈臣受命應當知經所覽諸家解不離流俗義有不當實輒悉改定以就其

正孔子曰乾元用九而天下治聖人南面蓋取諸離斯誠天子所宜協陰陽致麟鳳之道。

祖緜按此虞翻自述受易淵源至陳桃夢見道士事是虞氏從魏伯陽參同契改定孟

氏說也此為虞氏誼世之言經典釋文易字引虞翻注參同契云字從日下月此其明

證也魏居上虞虞居餘姚兩邑比連其地勢皆南境多山北境瀕海當時曹娥餘姚流

《周易孟氏學》《周易孟氏學遺補》《孟氏易傳授考》合刊

域。兩岸皆海也。今其地名以堪塘爲多。則其昔日爲海可知。魏氏因潮汐往來而悟日月與潮汐相繫之理。以甲乙丙丁等字以明之。猶今代數幾何之符號。附麗于卦位耳。經文上篇謂晦朔之間。合符行中。混混洪濛。牝牡相從。滋液潤澤。施化流通。是指潮汐無疑義也。徐景休云坤乙三十日。蓋指大月建言也。錢大昕駁之（按文在十篇齋養新錄卷一）。僅言月體。而未明月與潮汐之理。黃宗羲引趙汝楳說（按見易學象數論卷二）。以上下弦朔望不能均平。而不知參同契僅言大月建。未言小建月也。魏氏是說之外。又及卦氣辟卦。惜文似啞謎。未肯盡洩其理。爾漢時言易者。多居內地。無瀕海之人物。目未覩潮汐。虞氏所居與魏氏不過數十里。當時海未成陸。一帆可達。虞氏習聞其說（按魏伯陽人在漢時。魏知今上虞人雖婦孺猶嘗登此山四望）。誠子孫可居江北。世有祿位。居江南則不昌。今攷餘姚上虞二縣居江北者。地沃而族多。居江南者。地瘠而民貧。不獨虞氏如此。他姓亦然。因地勢使然也。父歆最有舊書是參同契卽舊書之一也。水經注沔水注云。江水又東逕赭山南。虞翻數年至餘姚。其北境頗海者（詳魏伯陽事見神仙傳。又前又選百餘里）。遂以納甲證易。故虞氏奏言其氏之高節里人更知之尤（較四十年前）。注又引翻奏曰。經之大者莫過於易。自漢初以來。海內英才。其讀易者。解之率少。至孝靈之際。潁川荀諝號爲知易。臣得其注。有愈俗儒。至所說西南得朋。東北喪朋。顚到反逆了不可知。孔子歎易曰。知變化之道者其知神之所爲乎以美大衍四象之作。而上爲章首。

尤可怪笑又南郡太守馬融名有俊才其所解釋復不及謂孔子曰可與共學未可與適

道豈不其然若乃北海鄭玄南陽宋忠雖各立注忠小差玄而皆未得其門難以示世

隋書經籍志周易九卷吳侍御史虞翻注。

釋文敍錄周易虞翻注十卷字仲翔會稽餘姚人後漢侍御史。

祖緜按虞氏易。李鼎祚集解摭引至夥其學賴此不墮張惠言爲虞氏易九卷本集解。

然虞注散見各書者搜集猶未盡也。如大明始終及雲從龍見漢上易叢說朋盍哉見

釋文志行正也見義海撮要二柔來而文剛見漢上易叢說虎視耽耽見漢上易三險

且枕見晁氏咸其輔見釋文藩決不羸若號雉膏不食見晁氏覆公餗見釋文其刑渥

見晁氏歸妹見口訣義遯魚吉見漢上易叢說及漢上易九六爻之動三極之道也見易

稗傳小篇凡三百有六十當期之日見漢上易叢說因而重之見易輯聞一八卦相錯

見漢上易叢說爲反生見釋文幾二十則虞注中稱舊說者原孟氏易而改定者也言

納甲則從魏伯陽說。

又有易僞孟氏者爲許愼。

後漢書。儒林傳許慎字叔重汝南召陵人也慎作說文解字注十四篇敍云其偁易孟氏。

書孔氏詩毛詩禮周官春秋左氏論語孝經皆古文也。

一祖縣按漢書藝文志劉向以中古文易經校施孟梁丘經或脫去無咎悔亡唯費氏經

與古文同說者以爲孟氏係費氏之誤攷漢紀成帝紀二云費氏經與魯古文同荀氏其

家世治易其說差可信藝文志脫一魯字致讀者疑爲中古文爾今王弼本據費氏其

字與許氏所偁異也。

有本習孟氏易後更受他氏者爲蓋寬饒。

漢書儒林傳韓嬰燕人也（中略）燕趙間言詩者由韓生韓生亦以易授人推易意而爲

之傳燕趙間好詩故其易微唯韓氏自傳之武帝時嬰嘗與董仲舒論於上前其人精悍

處事分明仲舒不能難也後其孫商爲博士孝宣時涿郡韓生其後也以易徵待詔殿中

曰所受易即太傅所傳也嘗受韓詩不如韓氏易深太傅故專傳之司隸校尉蓋寬饒本

受易於孟喜見涿韓生而好之即更從受焉藝文志易傳韓氏二篇班固注名嬰

又蓋寬饒傳寬饒奏封事曰方今聖道寖廢儒術不行以刑餘爲周召以法律爲詩書又引韓

氏易傳言五帝官天下三王家天下家以傳子官以傳賢若四時之運功成者去不得其

人。則不居其位。

祖縣按蓋覽饒奏封事引韓氏易傳爲更受之證漢紀宣帝紀三作易傳無韓氏二字。

有授受梁丘易易誤爲孟氏者爲范升楊政。

後漢書范升傳升字辯卿代郡人也少孤依外家居九歲通論語孝經及長習梁丘易老子敎授後生又建武二年光武徵詣懷宮拜議郞遷博士上疏讓曰臣與博士梁恭山陽太守呂羌俱修梁丘易二臣竝者艾經學深明而臣不以時退與恭竝立深知羌學又不能達慙負二老無顏於世誦而不行知而不言不可開口以爲人師願推博士以避恭羌。

帝不許由是重之。

又儒林傳楊政字子行京兆人也少好學從代郡范升受梁丘易善說經書京師爲之語曰說經鏗鏗楊子行敎授數百人。

祖縣按觀兩傳范升楊政習梁丘易非孟氏易。

又儒林傳孫期傳有曰建武中范升傳孟氏易以授楊政。而陳元鄭衆皆傳費氏易其後馬融亦爲其傳融授鄭玄玄作易注荀爽又作易傳自是費氏興而京氏遂衰。

祖縣按范升傳孟氏易以授楊政范書先後矛盾此說不足信也。

有未言受授而可證習孟氏者。爲白子友朱雲嚴望嚴元。

漢書朱雲傳雲字游魯人也徙平陵少時通輕俠借客報仇長八尺容貌甚壯以勇力聞。年四十乃變節從博士白子友受易又事蕭望之受論語皆能傳其業。

祖緜按孟氏易有翟孟白之學白子友疑白光少子之後孟立學官後白氏世爲博士也。

又雲傳是時少府五鹿充宗貴幸爲梁丘易自宣帝時善梁丘氏說元帝好之欲攷其異同令充宗與諸易家論充宗乘貴辯口諸儒莫能與抗皆稱疾不敢會有薦雲者召入攝齋登堂而請音動左右旣論難連拄五鹿君故諸儒爲之語曰五鹿嶽嶽朱雲折其角緜是爲博士（中略）其敎授擇諸生然後爲弟子九江嚴望及望兒子元字仲能傳雲學皆爲博士。

祖緜按施梁丘二家少異同惟孟氏得易家候陰陽災變書雖同出一源而派自異折五鹿者必習孟氏易白子友朱雲嚴望嚴元皆爲博士當時列學宮者施梁二家外惟孟氏而已可證雲習孟氏易也。

有散見羣籍中而事不足徵者有方儲方儁方儵。

畢沅通經攷引姓譜方儲字聖公歙人兄儵弟儼皆治孟氏易。

後學　潘承弼　初校

　　　男　延國　覆校

　　後學　弟子　徐復

　　　屈懷白　再覆校

周易孟氏學跋

漢志易孟氏京房十一篇災異。巽孟氏京房六十六篇。蓋孟氏別得易家候陰陽災變書。全祖望云。此即魏相采以奏事者。見讀易別錄。詐言傳自田王孫。見漢書儒林傳。此孟氏初事田生。後習易候。易候即七十二候。說見夏小正。遍周易書時訓解。呂氏春秋決十二。記禮記月令。淮南時則訓。所以為詐者漢師家法甚嚴陰陽災變不出于經師。陰陽災異之說始于孟喜。別得書而託之田王孫焦延壽。不容相混也。嚴可均謂漢時孟氏易說無專行之田王孫焦延壽。其源實不出于經師。四庫提要云。又別得書而託之孟喜。其源實不出于經師。

本。僅見京氏易中後人從京易中取出。見氏易輯橋漫稿京本序。此說未安。漢志有孟氏章句二篇。可證嚴說之誤。張惠言謂是京氏注孟。見易別錄。於義似墻。疑京氏據孟並注其所自得者也。漢志京氏段嘉注京也。十二篇。亦疑嘉十二

又孟氏章句二篇。致隋志周易八卷漢曲臺長孟喜章句殘闕釋文敘錄孟喜章句十卷無上經七錄云又下經無旅至節無上繫按八卷十卷之數與漢志異。疑漢志所稱二篇。乃有十卷。文後人附益二篇。無經

之數。且有脫簡。蓋永嘉之亂。梁邱施氏並亡。孟氏京氏有書無師。見隋書經籍志。唐時其書尚存。唐書經籍

志。周易十卷。孟喜章句。唐書藝文志同。至宋併章句而亡之。不宋載志。雖然。孟氏佚文散見於他書者。若說文五經

異義。釋文正義李氏集解唐書歷志漢上易傳漢上易叢說及晁氏易諸書所引尚可以得

一

117

其大義。

孟氏別見易義。孫堂孟喜周易章句一卷見漢魏二十一家易注二本。王謨孟氏輯本。逯見漢書鈔魏及馬國翰孟氏

章句三卷輯見玉函山房叢書。然皆未能周浹。不足以辨異同正是非也。如惠氏之書始爲繪圖並

集先儒之說以證之。譽之者乃謂易學淵微賴以不泯其實惠氏好逞臆肊以奪舊說牴牾

牴牾往往而有。論惠十三經注疏勘記周易集解序謂惠氏改字多有似是而非者皆惠所私改。向所欲覺至今始覺。又好術士之言附會經說其所

徵引諸家。多有不關孟氏者是不能闡明。反爲淆惑爾七十二候肇自先秦而云始於孟氏。

何其陋也。張氏之書僅輯佚文。凡易纂有說易。上易傳。及困學紀聞朱新仲說。亦見程亦未能備。所取自說文者尚不及其半。效訂亦不能詳始非皋文精心之作也孫氏

據說文序云易僻孟氏以爲許君所引皆孟氏易彙而編之。亦效古者所不廢。然許君亦間

采別家。不必盡據孟氏故有兩引而異者。孫氏不能別擇盡爲輯錄此其病也王氏亦輯佚

文。其敍錄云今抄出說文二十五條。集解二條。禮記疏二條。詩正義一條。其失與張氏相若馬氏竹吾輯佚甚勤勝於其

餘諸家。然虞翻世傳孟易。易見本傳。見周易鄭荀義。孟以虞氏間存孟義則可盡爲孟學則誤張氏

又云孟氏之義。則惟虞氏注說其大較也。然虞氏雖傳業世精。非苟爲稱述而已。孟學亦近卦酌當。此由虞氏先治孟易後
_{其意不必盡同。蓋古人虞氏之學注}

且如虞氏說文引說易日月爲易從日下月爲易乃祕書說可證非孟氏易義合。以旁通納甲取象。

得參同契。遂擅改師法。
_{如虞先解甲庚三日。集解引虞納庚也。即納甲霞納庚。此集解引虞宗虞參注同契。云霞}

則拾取參同契之唾餘。非宗孟氏明矣。是故虞氏引舊

作某者。蓋取諸孟氏。
_{坎也。祗旣平。集解引虞釋文舊說。以初解爲女妻。所謂舊說。損已。事遂往。集解引虞注舊義同。坎平禮旣平義。}

即爲孟易斯謬矣。
_{某。即豫朋盍戠。與眾本異。非孟易。明矣。如豫朋益戠。虞孟易輯入釋文。是虞標孟作某者。必易。孟說與眾本異者。}

若以虞作某者。

孟氏者。
_{某輯入。亦誤。此云鄭蓋作某。是虞鄭作某。非孟}

往往淆雜。他若有說文未嘗引易而竹吾強附之者。
_{欲豫豫好說文張以釋文劉作窒輯入孟氏}

竹吾不察。以虞易即是孟學。致孟虞之說。

皆其失也。若夫唐一行太衍曆議及六卦議亦引孟氏章句。按其文義。乃易候之說。
_{誤引吾竹亦誤此釋文引說文篆方式六反正其音非孟氏易也不當輯入也。}

有眾說並同。而竹吾獨誤者。
_{注嗟嗟如嗟如竹吾張以釋文瑳作磋其實虞亦作嗟。是}

有誤引他家之易。而以爲
_{舉舉如嗟如竹吾引集解虞作磋。是}

時孟學式微學者不察。誤入章句。惠張大儒尚
_{或言一當是一行約說卦章句以退在後而議不言引章句非是此說文未嘗引易也不當輯入也。}

猶未能釐正。固不能獨責竹吾矣。家大人徧觀眾家之作。審知其誤。更撰周易孟氏學三

卷。補遺一卷孟氏易傳授攷一卷凡所徵引皆取善本一字之正衡之全易所錄說文諸條。

釐別獨精若坤之龍戰於野豫之朋盍簪夬之莧陸夬夬豐之闚其无人前人所不爲攷覈者咸繁徵博引以通其說然訓釋非難觀其會通則難故又下取虞氏逐條比較俾孟虞之說若淄澠之有辨焉延國夙承庭訓服習韋編新著初成奉命校錄爰略述孟易之原委以

明作書之大恉云爾民國二十五年十一月男延國敬識

書名：《周易孟氏學》 《周易孟氏學遺補》 《孟氏易傳授考》合刊
系列：心一堂・易學經典文庫
原著：沈瓞民
主編・責任編輯：陳劍聰

出版：心一堂有限公司
通訊地址：香港九龍旺角彌敦道六一〇號荷李活商業中心十八樓〇五一〇六室
深港讀者服務中心：中國深圳市羅湖區立新路六號羅湖商業大廈負一層〇〇八室
電話號碼：(852) 67150840
網址：publish.sunyata.cc
淘宝店地址：https://shop210782774.taobao.com
微店地址： https://weidian.com/s/1212826297
臉書： https://www.facebook.com/sunyatabook
讀者論壇： http://bbs.sunyata.cc

香港發行：香港聯合書刊物流有限公司
地址：香港新界大埔汀麗路36號中華商務印刷大廈3樓
電話號碼：(852) 2150-2100
傳真號碼：(852) 2407-3062
電郵：info@suplogistics.com.hk

台灣發行：秀威資訊科技股份有限公司
地址：台灣台北市內湖區瑞光路七十六巷六十五號一樓
電話號碼：+886-2-2796-3638
傳真號碼：+886-2-2796-1377
網絡書店：www.bodbooks.com.tw
心一堂台灣國家書店讀者服務中心：
地址：台灣台北市中山區松江路二〇九號1樓
電話號碼：+886-2-2518-0207
傳真號碼：+886-2-2518-0778
網址：http://www.govbooks.com.tw

中國大陸發行　零售：深圳心一堂文化傳播有限公司
深圳地址：深圳市羅湖區立新路六號羅湖商業大廈負一層008室
電話號碼：(86)0755-82224934

版次：二零一八年十一月初版
裝訂：平裝

心一堂微店二維碼　心一堂淘寶店二維碼

定價：　港幣　　　一百二十元正
　　　　新台幣　　四百六十八元正

國際書號 ISBN 978-988-8582-01-3